Para
com votos de paz.

/ /

DIVALDO FRANCO
DÉLCIO CARVALHO

DA VERDADE NADA SE OCULTA

COLEÇÃO DE NARRATIVAS
DE DIVALDO FRANCO
VOL. 4

Salvador
1ª edição – 2024

COPYRIGHT © (2023)
CENTRO ESPÍRITA CAMINHO DA REDENÇÃO
Rua Jayme Vieira Lima, 104
Pau da Lima, Salvador, BA.
CEP 412350-000
SITE: https://mansaodocaminho.com.br
EDIÇÃO: 1. ed. – 2024
TIRAGEM: 5.000 exemplares
COORDENAÇÃO EDITORIAL
Lívia Maria C. Sousa

REVISÃO
Adriano Ferreira · Lívia Maria C. Sousa
CAPA
Cláudio Urpia
MONTAGEM DE CAPA
Ailton Bosco
EDITORAÇÃO ELETRÔNICA
Ailton Bosco
COEDIÇÃO E PUBLICAÇÃO
Instituto Beneficente Boa Nova

PRODUÇÃO GRÁFICA
LIVRARIA ESPÍRITA ALVORADA EDITORA – LEAL
E-mail: editora.leal@cecr.com.br

DISTRIBUIÇÃO
INSTITUTO BENEFICENTE BOA NOVA
Av. Porto Ferreira, 1031, Parque Iracema. CEP 15809-020
Catanduva-SP.
Contatos: (17) 3531-4444 | (17) 99777-7413 (WhatsApp)
E-mail: boanova@boanova.net
Vendas on-line: https://www.livrarialeal.com.br

Dados Internacionais de Catalogação na Publicação (CIP)
(Catalogação na fonte)
BIBLIOTECA JOANNA DE ÂNGELIS

F825	FRANCO, Divaldo Pereira. (1927) *Da verdade nada se oculta*. 1. ed. / Divaldo Pereira Franco e Délcio Carlos Carvalho. Salvador: LEAL, 2024. 152 p. ISBN: 978-65-86256-32-1 1. Espiritismo 2. Narrativas orais 3. Reflexões morais I. Franco, Divaldo II. Título CDD: 133.90

Bibliotecária responsável: Maria Suely de Castro Martins – CRB-5/509

DIREITOS RESERVADOS: todos os direitos de reprodução, cópia, comunicação ao público e exploração econômica desta obra estão reservados, única e exclusivamente, para o Centro Espírita Caminho da Redenção. Proibida a sua reprodução parcial ou total, por qualquer meio, sem expressa autorização, nos termos da Lei 9.610/98.
Impresso no Brasil | Presita en Brazilo

SUMÁRIO

Apresentação.. 7

1   Da verdade nada se oculta 11

2   Os dois tesouros 25

3   Ninotchka 33

4   A vendedora de maçás 57

5   A catadora de lixo...71

6   O frio sopro da adversidade 79

7   Precipitação e destino 85

8   A cruz de cada um.. 99

9   Mohammed, o Justo...107

10   O jogral de Nossa Senhora 119

11   Educar-se é criar hábitos saudáveis.................133

     Pequeno glossário 149

     Referências de compilação 155

APRESENTAÇÃO

Recordo-me com gratidão e saudade de um querido amigo, hoje já desencarnado. Idealista, de modestos recursos e amante do bem, trabalhava em uma cidade vizinha, na grande Porto Alegre, deslocando-se diariamente via metrô. Sua experiência pessoal serve-nos para oportuna lição de como conduzir a mente, a fim de preservarmos o equilíbrio nas emoções e obtermos sabedoria de procedimento.

De modo semelhante, o livro espírita enseja-nos alcançarmos esses objetivos, por orientar o pensamento, por instruir os sentimentos, por chamar-nos a atenção para certas realidades incidentes na vida – a exemplo da existência de testemunhas invisíveis que nos espreitam e interferem em nossos pensamentos e atos –, como também por facultar-nos auxílio para um melhor discernimento ante a análise comparativa do procedimento executado pelas personagens focalizadas na narrativa e os efeitos decorrentes da conduta.

Recordo-me, então, do relato que esse referido amigo nos fez, dominado por serena alegria por ter podido superar um grave momento, legando-nos um extraordinário e prático ensinamento.

— *Retornava eu do exercício da minha atividade profissional, premido por angústias oriundas do pouco sucesso obtido naquele dia. Amargurado, deixei-me dominar pelo pessimismo. Caía a noite mansamente, e eu já podia mirar-me no espelho do contraste estabelecido entre a claridade do interior do comboio com as sombras dominantes no exterior. Através da janela, observava o acotovelamento interno do povo e suas figuras pitorescas...*

Meu estado íntimo, quando me alheei do ambiente, desfocalizando-o dos interesses imediatos e retornando às cogitações amargurosas, passou a esfervilhar, dominado por induções pertinazes que aumentavam, corroendo-me quase as resistências morais. As vozes, agora se avolumando e a desfilarem em tropel, situadas entre o consciente e o presídio pensamental projetado, em pugna[1] *quase desigual, determinavam, imperativas: "Atira-te deste vagão! Chega de sofrer! Atira-te! Tudo termina rápido".*

Comecei a orar. Quanto maior meu esforço, parecia-me um tanto equivalente o assédio. Mas orava, orava...

---

1. As palavras sublinhadas terão suas definições no glossário ao final desta obra (nota dos autores).

Passei a tremer, a suar. Pensei na família, no anjo de guarda, a quem comecei a apelar emocionadamente, em meio à paliçada dos pensamentos soezes. Então, eis que me pareceu ouvir outra voz destacar-se das demais: "Pega papel e lápis!".

Estranhei. Abri minha pasta e constatei: lápis, sim, mas papel, onde conseguir? Só havia o que embrulhava o pedaço de pão que sobrara do lanche que habitualmente levava, e em duplicata... A voz socorrista exclamou: "Faça contas de multiplicar! Escreva a tabuada!".

Peguei aqueles papéis e passei a calcular, quase freneticamente. Não pude deixar de notar que os olhares circunstantes, antes indiferentes, cruzavam-se, num discreto sorriso de mofa *ante um quadro inusitado, bem o reconheço... Mas, também isso me auxiliou a concentrar a atenção, para livrar-me da impertinência alheia.*

Por fim, consegui libertar-me do cruel pesadelo, mudando de sintonia. Sobre a pasta que trazia no colo, duas folhas repletadas de cálculos que me auxiliaram a salvar a vida. Ao desembarcar, meditava em torno do episódio, acalentado pela satisfação interior de haver superado o insidioso transe, dizendo-me: graças a Deus libertei-me! Ainda bem que a turma *não gostava de matemática...*

A mente ocupada produtivamente é garantia de equilíbrio e saúde. Que o livro seja, caro leitor, o teu fiel amigo, um desses maravilhosos instrumentos que estabeleçam teu encantamento espiritual, orientando-te, proporcionando-te superiores reflexões, conduzindo-te à conquista da sabedoria.

Divaldo Franco é um <u>manancial</u> instrutivo e possui extenso acervo de fatos, experiências, lendas, narrativas de alto valor educativo – que marcam indelevelmente nossa sensibilidade, todos em relatos adaptados ao sabor de seu estilo e emoção –, os quais estamos resgatando e colocando à sua disposição neste quarto volume, na certeza de que um festival de alegrias lhe felicitará a alma prazerosamente.

DÉLCIO CARLOS CARVALHO
Natal de 2014.

1

DA VERDADE NADA SE OCULTA

Ninguém sofre qualquer circunstância penosa sem que haja uma causa proveniente desta ou de anterior existência. Deus é justo, como sabemos, e os percalços que nos alcançam traduzem-se nos efeitos que inarredavelmente recebemos daquilo que semeamos nas estradas da vida.

O infrator dos Códigos Divinos, mais dia, menos dia, será chamado ao reajuste perante sua própria consciência, transgressora desses Códigos, equipando-se em profundidade de conhecimentos, valores e certeza da ação da Justiça Divina, atuantes em nossa jornada evolutiva.

A este belo conto, que Divaldo Franco extraiu da formosa literatura russa, adaptando-o à sua talentosa capacidade criativa, acrescenta ele outros fatos apresentados pela imprensa mundial, para construirmos mais justa visão da Lei de Causa e Efeito.

Breve preâmbulo: Liev Tolstói, emérito escritor, nasceu em 1828, em Iásnaia Poliana, no grande país da Rússia, descendente de nobres de família abastada. O jovem Liev Tolstói teve uma ação muito decisiva na sua vida, durante a Guerra da Crimeia,[2] de lamentáveis recordações.

Começou a escrever suas crônicas e opúsculos, com estilo inconfundível, até o momento em que, vendo a miséria do seu povo, resolveu tentar mudar a própria vida, tendo uma crise de fé religiosa. Mergulhando o pensamento na vida de Jesus, ele criou uma doutrina a seu modo, de tal maneira distante da tradição, que foi excomungado pela Igreja Ortodoxa Russa. Mas ele teve a coragem de abandonar o título e a fortuna, para poder atender aos mujiques, os camponeses da terra.

E é nesse momento de convulsões emocionais que escreve *Guerra e paz* e *Anna Karenina*, em que o pessimismo e a dor dominavam a sua alma. No clássico da literatura psiquiátrica, Liev Tolstói encontra-se arrolado

---

2. Guerra da Crimeia – Conflito bélico que se desdobrou de 1853 a 1856, na península da Crimeia (no Mar Negro, ao sul da atual Ucrânia), no sul da Rússia e nos Bálcãs. Envolveu, de um lado, a Rússia, e, de outro, uma coligação integrada pelo Reino Unido, França, Piemonte-Sardenha (na atual Itália) – formando a Aliança Anglo-Franco-Sarda – e o Império Turco-Otomano (atual Turquia). Essa coligação foi formada com o objetivo de conter a expansão russa.

Da verdade nada se oculta

como portador de uma depressão, com sucessivas reações e retornos, mas a alma sensível desse romancista-poeta, que comoveu o Oriente e o Ocidente, impregnou também o mundo com a sua pena brilhante e enriquecedora.

Ele resolveu abandonar a família, que desejava submetê-lo ao talante dos seus caprichos, e fugiu com a filha Alexandra para muito longe, quando então desencarnou, em 1910.

Desse homem admirável, a quem Joanna de Ângelis atribui belas páginas poéticas, lembramos aquela que diz respeito a um sacerdote ortodoxo que caminhava por uma estrada empoeirada e subitamente se deteve diante de um campo lavrado, encontrando ali um jovem de dorso nu, com a enxada na mão, cavoucando a terra.

O sacerdote fanático olhou para aquele jovem e falou-lhe:

— *Se queres a salvação, deixa a enxada e vem comigo ao templo orar.*

O jovem <u>redarguiu</u>:

— *Não posso, senhor, porque estou arando.*

O sacerdote, depois de reflexionar, obtemperou:

— *E fazes bem, porque arar é orar!*

Nessa sutileza, a verdadeira oração é a da ação. Os estudiosos do Latim asseveram que o verbete *oração* vem de "os" (boca), quando se abre a boca da alma para esvaziar-se do *ego* e plenificar-se do divino. Então, "os" e "ação": a ação do bem, que não pode ser <u>postergada</u>.

Há ainda outras histórias, que a benfeitora Joanna de Ângelis narra nos seus livros, a respeito desse filho de Iásnaia Poliana. Mas a que vamos narrar, como base para as nossas reflexões, tem como título *Deus vê a verdade, mas espera*, o que equivale a dizer que nem sempre Deus responde aos nossos anseios, senão quando os acontecimentos devem suceder.

Na cidade de Vladimir, situada a duzentos quilômetros a leste de Moscou, um negociante próspero tinha duas lojas. Ivan Dmitrich Aksakof era o exemplo de um homem generoso, agradável, e ao mesmo tempo rico de alegrias.

Certa manhã, ele disse à esposa que iria à feira em Nyslie, uma cidade relativamente próxima. Ela, preocupada, pediu-lhe:

— *Ivan, não vás! Tive um sonho mal-agourado. Esta noite, por longas horas, algo perturbou a minha paz. Não vás, porque temo que te aconteça uma desgraça.*

Ivan, como todo homem ainda na juventude – apesar de pai –, contestou-a, afinal, que perigo haveria se ele fosse à feira realizar compras, divertir-se e voltar no dia imediato?

Partiu. Uma suave canção de alegria <u>solfejava</u> no seu coração.

Chegando à cidade, ele procurou contatos comerciais com os fornecedores das suas lojas, e à noite, quando foi para a hospedaria, encontrou um estranho. Sentou-se com ele à mesa, fez a refeição e até lhe perguntou o nome. Contou também as suas façanhas de juventude, quando uma ou outra vez se entusiasmava com a vodca, da qual era amante periodicamente. Avançadas horas fora deitar-se.

No dia seguinte, quando Ivan levantou-se para realizar sua viagem de retorno à cidade de Vladimir, parou um trenó à porta dessa hospedaria. Dois policiais <u>cossacos</u>, dirigidos por um capitão, perguntam-lhe:

Da verdade nada se oculta

— *Por que tanta pressa para viajar de retorno à sua cidade?*

— *Porque eu sou de lá! Depois de haver desempenhado as minhas tarefas, chega o momento de volver à família.*

Convidou-os para o desjejum, mas o capitão da pequena tropa apresentava o semblante marcado por grave preocupação. Este pediu-lhe, então, que entregasse aquele saco no qual estavam os seus pertences. E diante de Ivan, estupefato, tirou dali uma faca ensanguentada, que este de imediato elucidou não lhe pertencer.

— *Como não lhe pertence, se se encontra dentro do saco sobre o qual você estava com a cabeça quando dormia? Por que não lhe pertence?* – disparou o capitão, inflamando-se.

E, segurando brutalmente, os dois cossacos puxaram-no à força até o quarto contíguo no qual ele dormira, onde estava degolado aquele com quem passara parte da noite conversando.

Ivan protestou. Era inocente. Mas tudo indicava que ele era realmente o homicida, ou melhor, tratava-se de um latrocínio. Houvera assassinado aquele homem para roubar-lhe vinte e oito mil rublos.

Ele procurou justificar-se de toda maneira, sendo arrastado com grande impetuosidade para o cárcere. A notícia correu célere como rastilho de pólvora.

Quando as autoridades chegaram a Vladimir para saber como era a conduta de Ivan, todos foram unânimes em dizer que ele era folgazão, que vez ou outra gostava de embriagar-se, no entanto era um bom cidadão, bom pai, um negociante ambicioso, o que de certo modo não dava ideia de um homem probo, honesto, equilibrado.

Quando a mulher soube, ficou desesperada. De imediato tentou entrar em contato com as autoridades, pois

Ivan deveria ser julgado dentro de breves dias. Era um regime autoritário, em que a defesa não tinha sequer o menor direito de justificar-se.

Ela suplicou às autoridades que antes do julgamento permitissem que Ivan beijasse seus dois filhinhos, ambos ainda pequenos. Depois de prantear muito, conseguiu uma entrevista de dez minutos, levando os filhos aos braços paternos de Ivan, que estava praticamente em estado de choque. Tinha, sim, seis mil rublos, mas nunca aquela importância que apresentavam como se ele houvesse roubado daquele negociante com quem mantivera um largo contato, muito embora fosse um estranho.

Ivan foi sentenciado a 30 anos de cadeia na Sibéria, de onde ninguém voltava. Foi mandado para trabalhar nas minas siberianas.

Ele partiu desolado. Era uma sentença de morte lenta, através dos anos e da temperatura de quarenta e cinco a cinquenta graus negativos do inverno.

Os anos passaram <u>modorrentos</u>. A correspondência com a família em Vladimir lentamente foi desaparecendo, até que se encerraram os capítulos das cartas mensais.

Nesse ínterim, porque dispunha de algum tempo, caiu-lhe nas mãos um livro que retratava a vida de Jesus Cristo. Ele leu. Era o *Novo Testamento*. A linguagem do Sermão da Montanha parecia uma canção dúlcida na alma amargurada e saudosa de Ivan Dmitrich.

Passaram-se os anos. Ele começou a ler a vida dos santos da Igreja Ortodoxa Russa. Foi neste momento que abrandou sua alma.

Com 20 anos de cárcere, a barba longa nunca mais feita, o cabelo desgrenhado caindo sobre os ombros, o aspecto, anteriormente feroz, agora generoso, rendeu-lhe a alcunha de avô. Era o avô dos presidiários e o santo da Sibéria.

Periodicamente, chegavam de trem novos criminosos para ali apagarem as suas memórias. Oportunamente, chegou um trem com vinte criminosos considerados um perigo social terrível. Ao conversarem naquela noite, cada qual identificando-se, um deles, Nakar Semionovitch, destacou-se e falou:

— *Eu estou preso, mas sou inocente! Venho de Vladimir...* – e Ivan teve um abalo. Era a sua cidade natal.

As recordações agora voltaram <u>precípites</u>, inundando-lhe os olhos de lágrimas. Ele perguntou a esse estranho se conhecia os Aksakof.

— *Oh, sim! Família abastada, viúva rica, filhos prósperos, muito poderosos...* – replicou Nakar, prontamente.

— *Bem, mas... também sou de Vladimir* – comentou Ivan, não podendo <u>sopitar</u> as angústias.

— *De Vladimir?! O que faz aqui no cárcere?*

— *Estou expungindo um crime que não cometi...* – e narrou ligeiramente a tragédia da sua vida, daquela noite inesquecível.

— *Mas você não é inocente!* – contestou o bandido Nakar Semionovitch, voltando-se para ele. Eu me lembro da história desse latrocínio. Você era o que tinha o punhal ensanguentado dentro da sua mochila, sobre a qual deitava a cabeça.

Ivan teve um choque, dominado por inconcebível espanto. Aquele era o assassino, porque, afinal, somente ele tinha conhecimento deste detalhe. Como é que aquele indivíduo podia saber que o punhal ensanguentado estava dentro da sua mochila?

Nasceu, naquele homem que era quase santo, o res-sumar do ódio, uma insuperável repugnância. Um plano para roubar-lhe a vida passou a povoar suas noites de inquietações e amarguras, sem conseguir descansar o pensamento abatido.

Estava atormentado nessa angústia, quando, quinze dias depois, caminhando por um dos corredores da cela, já que tinha liberdade para locomover-se, percebeu um túnel, algo que estava sendo terminado, e de dentro dele sai Nakar Semionovitch, que, segundo suas próprias palavras, anteriormente ali estivera e conseguira evadir-se. Ficou estupefato.

Nakar Semionovitch, também de Vladimir, confessou-lhe:

— *Iremos fugir. Um grupo nosso está preparado para a fuga. Cavamos um túnel e levamos as terras daqui para fora nas botas dos condenados. Se por um acaso você me denunciar, eu o matarei* – afirmou acidamente Nakar, com um enfurecido acento. — *Matarei com imenso prazer, porque, como você sabe, se as autoridades descobrirem que fui eu, matar-me-ão a chibatadas, e eu sou inocente do crime que me trouxe até aqui.*

Ivan olhou para aquele homem e sentiu subir-lhe o fel acumulado, algo estranho. Era o momento da sua vingança, do desforço...

As autoridades, no entanto, perceberam as botas daqueles sentenciados, quase sempre cheias, e descobriram que estavam transferindo a areia retirada do túnel para as cercanias do pátio da prisão. Feita uma averiguação, encontrou-se ali o túnel e, claro, todos daquela área foram submetidos a um rigoroso inquérito.

Da verdade nada se oculta

O juiz, que era muito amigo de Ivan, olhou para ele e perguntou:

— *Dmitrich, você, que é um homem* probo*; você, que é um homem justo, diga-me: quem é o autor desse túnel? A sua palavra para nós é de suma importância.*

— *Meritíssimo* – iniciou ele, com voz pausada e reflexiva –, *sei quem é, mas não posso dizer. Não que tenha medo da vingança do bandido, mas sucede uma coisa muito peculiar: no começo jurei matar a quem me fez infeliz; depois, o Sermão da Montanha entrou em minh'alma e me fez matar o desejo de matar. Modifiquei-me, e agora rogo permissão para não denunciar* – os olhos de Ivan agora revelavam uma serenidade superior, saturados de uma estranha firmeza.

Submetido a maus-tratos, Ivan Dmitrich não revelou quem era o criminoso.

À medida que a situação voltou à normalidade, Nakar Semionovitch aproximou-se dele e, oportunamente, confessou-lhe:

— *Fui eu quem cometeu o latrocínio do qual és acusado. Eu sabia que aquele outro era muito rico. Entrei pela janela posterior e assassinei-o, porque o odiava. Mas você pode considerar-se um homem muito feliz. Quando passei pela porta ao quarto contíguo em que você dormia, ia também o assassinar para roubar seus poucos pertences. Nesse momento ouvi ruídos. Então, coloquei a faca dentro do saco sobre o qual estava apoiada sua cabeça e fugi. Fugi, e aqui estou.*

A sua nobreza moral obriga-me a denunciar-me às autoridades – prosseguiu o ladrão. — *Como a Justiça de Deus é incorruptível! Do crime que me acusam, sou inocente, mas sou um homicida. Então, estou aqui resgatando não o crime que me imputam, mas o crime que desconhecem.*

Foi às autoridades, apresentou-se, e foi levantado um novo processo, um outro julgamento em Vladimir.

Quando foi inocentado Ivan Dmitrich com a promulgação do resultado, ele havia morrido na véspera. Assim, Liev Tolstói estabelece que há uma Justiça Divina.

Poderíamos concluir o seu conto, que ficou sem o término pela frustração de morte da vítima inocente, adindo os notáveis conceitos kardequianos. Ele resgatou o delito de existência passada, porquanto ninguém padece qualquer injunção penosa sem uma causa próxima desta existência ou de existência transata, que faz parte da nossa jornada evolutiva.

Para podermos entender o sofrimento, quantas vezes perguntamos: *Por que os bons sofrem tanto?*

Pouco antes de realizar esta narrativa, casualmente ligando o televisor num canal que não identifiquei, apresentava-se o quadro sobre a problemática genética de uma menina de nove anos que sofria de progéria e aparentava setenta de idade. É uma degenerescência em que a criança morre de velhice antes dos 12 anos de idade biológica, com os órgãos desgastados, com a vida destruída, sem os dentes, com todas as marcas de senectude de um ancião. E a menina ainda está com nove anos, mas o seu organismo estava já com setenta.

Como poder explicar-se a Justiça de Deus, de tomar uma criança dessa natureza e fazer com que ela experimente uma degenerescência de tal ordem?

Ficou célebre a obra de um rabino judeu apresentada em Nova Iorque, quando foi nomeado para a sinagoga de

Da verdade nada se oculta

Manhattan. Esse jovem e erudito rabino teve uma grande dor: percebeu que seu filho não se desenvolvia. Aos três anos, o seu desenvolvimento era natural, mas não tão <u>auspicioso</u>.

Daí por diante, em espaço de tempo de dois anos, ele começou a apresentar características da adolescência. Aos seis, era criticado pelos colegas porque tinha formação de um adolescente já em estágio avançado.

Então ele se perguntava: *Deus, como isto é possível?*

À porta da sinagoga onde recebia os convidados, ainda naquele transe de emotividade, chega um jovem e pergunta-lhe se poderia participar da congregação, já que iria morar ali próximo. Tratava-se de um pediatra que se estava especializando em problemas genéticos, principalmente da infância.

Em vista disto, o rabino comentou-lhe estar muito preocupado com seu filho, perguntando-lhe se poderia levá-lo ao seu consultório no dia seguinte. É claro, o especialista <u>anuiu</u>.

Ao examinar o menino, percebeu que se tratava de um problema genético, uma dessas degenerescências das mais perversas.

O menino já estava com 15 anos de idade orgânica, embora estivesse com apenas seis, na idade biológica. O pediatra diagnosticou a progéria, o envelhecimento precoce, explicando que o seu filho não chegaria a viver até os dez anos, quando apresentaria a decadência física de um ancião de 80 anos.

Então, o pastor desesperado escreveu um livro: *Por que coisas más acontecem a pessoas boas?* Ele, como rabino, não sabe explicar, pois em suas reflexões assevera: "Pela manhã, muitas vezes vou atender à circuncisão de uma criança quase recém-nascida e tudo é júbilo; as pessoas agradecem a Jeová. Ao entardecer, estou num féretro repetindo o Salmo 114, o salmo da penitência, e a família está perguntando a Deus por que arrebatou o seu ser muito querido".

O livro é caracterizado pelo pessimismo. Termina dizendo que, afinal, Deus não se envolve conosco. Somos tão insignificantes que, para Deus, não valemos nada; a criação do ser humano é quase caótica. Deus estabeleceu leis, e cada qual trate de cumpri-las sem esperar a interferência divina...

O livro deixa um <u>ressaibo</u> de amargura, porque, na sua dor, ele ignorava a reencarnação. Quando li a obra, há uns vinte anos, fiquei um tanto surpreso, pois a reencarnação faz parte da Torá, da lei sagrada do rabinato.

Talvez fosse ele ainda muito jovem, não se havendo adentrado nesse insondável das chamadas doutrinas secretas do Judaísmo, onde se encontra a reencarnação.

Coube a Allan Kardec, o <u>preclaro</u> codificador da Doutrina Espírita, utilizar-se de uma lei da Física, muito simples, para dizer que todo efeito vem de uma causa; logo, todo efeito inteligente provém de uma causa inteligente. Aí restabelece esse processo antropológico da evolução, na qual cada um de nós é o artífice da sua felicidade ou da <u>desdita</u>.

Todos os sofrimentos, quando nos chegam e conforme se nos apresentam, têm uma causalidade anterior, que Allan Kardec estuda com proficiência em *O Evangelho segundo o Espiritismo* e no terceiro capítulo de *O Livro dos Espíritos*, evidenciando a necessidade da reencarnação, ao elucidar: "Se o débito não é desta vida, é de outra existência".

Da verdade nada se oculta

A reencarnação é, portanto, a chave para equacionar o nosso sofrimento. Encontramo-la nas páginas da História da Humanidade desde 800 anos antes de Jesus, quando surgiu na Terra a *Luz da Ásia*, conforme os teosofistas e os budistas denominam a figura do príncipe Sidarta Gautama, o Buda, de dois mil e oitocentos anos atrás.

2

OS DOIS TESOUROS

Esta lenda enseja-nos apreciarmos, particularmente, a linguagem poética e encantadora de Divaldo Franco e sua extraordinária capacidade de criar-nos imagens mentais enquanto narra, tal a riqueza das expressões de que se utiliza e a genialidade com que sequencia suas ideias de improviso, transportando-nos ao país do encantamento, ao mesmo tempo que leciona magistralmente.

Esta mesma lenda é constante do livro *Tormentos da obsessão* (Editora LEAL), do Espírito Manoel Philomeno de Miranda, psicografado por Divaldo Franco, mas em estilo diferenciado.

Esta é uma história muito peculiar, que teria acontecido numa região rica de fantasias.

Naquela região havia um vale fértil, irrigado por um rio generoso, e à volta, uma cordilheira de montanhas. Dizia a tradição que uma daquelas montanhas era mágica. No meio das inúmeras grutas, refugiava-se um gênio, que periodicamente se comunicava com as pessoas que se lhe acercavam. Essa era a tradição.

Naquele vale residia uma mulher viúva, cujo tesouro maior era um filho, que carregava nos braços adornando-lhe a existência e que se lhe tornara a razão fundamental para que vivesse. A morte roubara-lhe o marido, e ela ficara com essa abençoada herança.

Diariamente, saía pela manhã com o filhinho no regaço, sonhadora e feliz, cantando-lhe baladas, prometendo-lhe tesouros inimagináveis. Dizia-lhe que um dia seria rei de um país longínquo e encantador, e sorria, quase num devaneio de lirismo...

E, de tanto caminhar pelo vale, foi espicaçada na curiosidade para olhar o rio que o serpenteava, visto do alto a dobrar-se em curvas. Acercou-se de algumas montanhas fascinantes e deslumbrou-se com a vista, a paisagem <u>iridescente</u>, o verde da Natureza.

Pôs-se a andar, extasiada, repetindo ao filhinho, que ainda não completara um ano:

— *Tu serás rei; eu te darei tudo o que a vida me negou, os melhores tesouros do mundo, aquilo que compra ventura, a felicidade, aquilo que dá paz!*

A criança parecia sorrir, em seus poucos meses de vida.

Depois de deambular próximo a várias grutas, ao passar por uma delas, deteve-se, encantada, a olhar a intimidade da caverna: a sombra, a água gotejante, aquele aspecto quase fantasmagórico, mas com uma embriagadora fragrância qual incensório invisível, que parecia seduzir.

Após a visualização a que se permitiu, ao dar as costas, de saída, escutou uma voz muito clara que lhe disse:

— *Volta, mulher! Adentra-te na caverna. Eu sou a voz da qual fala a tradição. No meu bojo, nesta caverna onde vivo, guardo um tesouro de inimaginável valor. Se te adentrares, os teus olhos vislumbrarão e se deterão a ver o mais fabuloso tesouro que a Terra jamais pôde contemplar e que tornará tua vida encantadora. Joias, alabastros, tudo aquilo que a imaginação do homem pode conceber e transformar em arte, aqui eu tenho, e dar-te-ei tudo, tudo quanto possas carregar.*

Ao te adentrares e começares a selecionar – continuou a voz –, *as gemas mais preciosas serão tuas. Poderás trazê-las para o mundo exterior e desfrutares da felicidade. Há, porém, uma condição: eu te darei uma hora. Depois disso, fecharei a porta mágica. Se ainda estiveres dentro, não sairás; se saíres, não poderás retornar, pois nunca mais me abrirei, porquanto terei terminado a minha <u>saga</u>, completando o meu destino.*

À mulher pareceu um delírio, uma alucinação auditiva, porque a voz vinha da parte sombria da furna. Deteve-se. Sorriu e balbuciou de si para consigo:

— *O poder da imaginação... Como posso!*

— *Não é tua imaginação!* – objetou-lhe a voz.

Ela percebeu que, de fato, a voz vinha de alguma depressão <u>ignota</u>, entranhada na caverna. Apurou mais o ouvido e com toda nitidez registrou o novo chamado daquele som perturbador, que continuava a sua <u>cantilena</u>:

— *Adentra-te! Eu te darei tesouros para o prazer, para as comodidades, para o gozo. Que tens a perder? Nada! Adentra-te e seleciona o que quiseres. Será teu o que possas carregar.*

Tens uma hora, que é um período muito largo para a pessoa experimentar o que fazer, o que recolher, deter-se ou não. Tu não tens obrigação de quedar-te por toda uma hora, mas não podes a ultrapassar. Se ficares, repito, não sairás mais; se saíres, não haverá retorno, porque eu me cerrarei em mim mesma e não tornarei a abrir.

A mulher sentiu-se profundamente picada pela curiosidade. Olhou em volta, e era realmente uma situação embaraçosa, porque a entrada da caverna era como uma outra qualquer. Começou a reflexionar:

— *Realmente! Que tenho a perder?*

Agora, pensando em proporcionar ao filho felicidade, se fosse verdade, estreitou-o nos braços e, olhando-o, contou-lhe:

— *Está chegando a hora. Eu te havia prometido um reino, e ele chega antes...*

Entrou vagarosa, silenciosamente. A princípio, medrosamente; depois, com mais audácia, e, por fim, mais segura ainda. De maneira surpreendente, percebeu que havia claridade, porque, à medida que se adentrava, a densa treva desvanecia-se mais a distância. De repente, ao dobrar em um recanto daquele labirinto, surgiu-lhe um imenso salão adornado de lâmpadas acesas, em vasilhames trabalhados em ourivesaria, a dar uma claridade poderosa ao ambiente, atapetado de joias. Pedras que rutilavam; diamantes, rubis, esmeraldas, safiras, colares de pérolas, anéis, tiaras, coroas, diademas, de todos os tipos imagináveis.

A mulher sentiu-se atordoada. Lembrou-se de que dispunha de apenas uma hora. Não tinha relógio. Não se poderia deter, talvez, no tempo máximo, porque poderia ser traída pela falta de capacidade de medir o tempo.

Da verdade nada se oculta

Acercou-se de uma pilastra onde jazia uma coroa exuberante de algum antigo rei e tocou-a. Era verdadeira. Ergueu-a com a mão e depô-la na cabeça. Pesava. Pegou um anel, colocou-o no dedo. Pérolas negras e amarelas, pálidas como um raio de luar, tudo em profusão. Que fazer?!

Ela começou a recolher, a colocar braceletes e colares, a selecionar diamantes e esmeraldas. Aturdida, agora já não sabia como proceder.

Percebeu que havia veludo e <u>brocado</u> espalhados pelo solo. Preparou um leito, depositou o filho, pegou uma tiara de diamantes, colocou-a na cabeça do anjo e disse-lhe, de rosto animado na cintilação do júbilo:

— *Tudo é nosso! O que eu puder levar.*

Ato contínuo, mais tranquila, começou a selecionar e recolher as gemas mais expressivas, as maiores e mais bem lapidadas; depois, havia vasilhames de ourivesaria, pequenos deuses com olhos de diamantes, estatuetas de ébano, de pórfiro, colocando-as debaixo do braço; lembrou-se dos bolsos na saia e repletou-os. Mas, eram tantas joias... Levantou a saia, improvisou um depósito e foi colocando, já com o peso quase a ponto de romper o tecido. Estava quase cambaleante, quando calculou o tempo. Pelos seus cálculos estava próximo da hora de a porta cerrar-se.

Ela sentiu uma dor de ter que deixar tudo aquilo, que ficaria na caverna. Então, teve uma ideia: se ainda selecionasse outra gema rara e saísse rapidamente, naturalmente daria certo esse vaticínio. Assim o fez. Saía a correr, quase trôpega, quando percebeu um rangido estranho, que deveria ser das portas descendo. Esforçou-se com mais rapidez e, já do lado de fora, respirou aliviadamente. Jogou as joias no chão, descansando do peso. Olhou para trás, e uma porta pesada, imensa, desceu e cerrou a caverna. Ela admirava seu tesouro quando percebeu que havia deixado o filhinho lá dentro e não mais poderia recuperá-lo, e que todos os tesouros eram de significado muito menor do que o seu filho, que era a vida da sua alma e a alma da sua vida.

Esta lenda guarda no seu bojo uma mensagem sutil.

Em nossa existência planetária – simbolicamente a caverna – existem dois tesouros: aquele que tem real valor e aquele ao qual atribuímos valor.

O tesouro real muitas vezes pesa pouco, e o tesouro a que damos valor pesa sempre muito, é ilusório, alucinante, perturbador.

Quando saímos da caverna – do corpo – e alcançamos a paisagem iluminada da imortalidade, eis que o tesouro que vale é o que nós somos, e não aquilo que tínhamos. O que temos fica; o que somos segue conosco.

O maior tesouro que a Humanidade jamais encontrou chama-se Jesus, o Homem de Nazaré. Tem sido confundido, disputado, erguido aos estandartes da guerra, oculto na magia dos dogmas, desperdiçado no verbalismo inútil, consagrado na exaltação dos ouropéis terrestres...

Vinte séculos depois de ter estado conosco, é o ser mais presente na civilização e na ética de que se tem notícia. Antes d'Ele, Krishna, Buda, Lao-Tsé, Sócrates, Platão, Aristóteles, Pitágoras estabeleceram as bases de um comportamento filosófico de natureza moral e de consequências religiosas, que assinalou, de alguma forma, a conduta das criaturas humanas.

Mas Jesus foi diferente... À medida que o tempo passa, mais Ele se encontra impregnando vidas, e de tal

Da verdade nada se oculta

forma impregna-as, que as transforma e as leva ao sacrifício, em incomparável legado a que a Humanidade não estava acostumada.

Tão extraordinário quanto desconhecido, até hoje continua chamando-nos, erguendo-nos do caos, levantando-nos para novas propostas, até convidar Allan Kardec para restaurar a Sua palavra, trazendo a mensagem do Consolador, que Ele prometera para tornar o mundo melhor, e dar significado e dignidade à vida.

Com o advento da Doutrina Espírita, a 18 de abril de 1857, ei-lO que volta, agora descrucificado; saiu do madeiro infamante no qual o retivemos por dezenove séculos. Deixou de ser Deus, um deus tedioso e indiferente, para ser o Amigo das estradas da Samaria ou da Galileia, de Cafarnaum ou de Betsaida, para conviver conosco. Está no meio das ruas, livre, atento aos nossos apelos, para falar pela nossa boca, agir pelas nossas mãos e vibrar no pulsar dos nossos sentimentos; é o companheiro das nossas horas solitárias, confessor das nossas amarguras, devotado, convidando-nos para superar a fragilidade e nos enfrentarmos no país de nós mesmos, onde Ele governa soberano.

O Espiritismo nasce da Sua promessa em João, 14: 16, tomando a barca da fé raciocinada a partir do século dezenove, e começa a singrar os mares tumultuados e convulsos do pensamento histórico, para chegar aos corações e falar da felicidade do amor.

Que Homem é esse, que nos ofereceu a fé, mas a fé certeza de realidade; que nos ensinou a superarmos as más inclinações, as nossas más tendências, com um leve sorriso de ternura, de quem nos entende e nunca nos condena?

De nada nos adianta saber que Ele existiu um dia, na caminhada carnal, que Ele esteve conosco apresentando balizas e dirimindo equívocos, que Ele permanece inspirando-nos, se não abrirmos espaços para que Ele habite a nossa casa emocional, se não tivermos a coragem de elegê-lO, aceitando as disposições superiores e entregando-nos em uma atitude de doação plena, para que Ele faça da nossa vida aquilo que seja realmente de melhor para nós.

Esse Homem Jesus é o ideal mais fulgurante da Humanidade, que um dia estará presente em todas as criaturas, como previu Allan Kardec com muita propriedade, quando o egoísmo bater em retirada, e o Espiritismo, que é o único antídoto ao materialismo, predominar nas mentes e nos corações, como complemento de todas as doutrinas religiosas, já que lhes dará as bases científicas para a certeza da sobrevivência da alma e da reencarnação, móveis do nosso esforço pela transformação interior.

Estes são os grandes dias em que nós decidiremos: treva ou luz, o rebanho das ovelhas ou o rebanho dos bodes, na simbologia dessa dualidade entre o bem e o mal. Este é o momento de fazermos uma profunda reflexão: qual é o meu vínculo com Jesus?

3

NINOTCHKA

ão vos deixarei órfãos; [...] mandar-vos-ei o Espírito Consolador. Ele vos dirá coisas novas, repetirá lições que vos tenho dado, e ficará convosco até a consumação dos séculos (João, 14: 18 e 26).

A sublime mensagem de esperança legada por Jesus à Humanidade tem nesta narrativa de Divaldo Franco o respaldo afirmativo do quanto o conhecimento espírita é necessário na caminhada terrena, por organizar e direcionar os passos vacilantes dos viandantes para estradas seguras, e fazê-los viver consolados em meio às maiores tribulações. Num encontro com uma alma sofrida e desencantada da vida, quando de sua primeira estada na Suíça, a mediunidade eloquente de Divaldo dá-lhe a prova decisiva da continuidade da vida, do reencontro com os amores que nos antecederam à Pátria espiritual, ao mesmo tempo que se torna um vivo e exemplar mensageiro das "coisas novas" a que Jesus se referiu e que agora estarão para sempre conosco a alegrar-nos, numa doce e perene canção de esperanças.

Numa das viagens que realizamos à Europa, tivemos a oportunidade de ir a Genebra, na Suíça. Na ocasião, apareceu-nos um cavalheiro, professor da Universidade dessa cidade, que nos perguntou se teríamos o interesse em falar ao seu grupo, que era constituído de pessoas estudiosas em doutrinas paranormais, místicas e paralelas.

Não eram espíritas. Seguiam o espiritualismo oriental, com as novas configurações das modernas conquistas parapsicológicas. Como já não dispúnhamos mais de tempo, porque nosso programa é previamente elaborado, apresentamos ao senhor que nos convidava tal dificuldade, e ele muito gentilmente nos perguntou se, após a conferência que tínhamos programado para o dia imediato, viríamos a aceitar a empresa de um novo encontro, isto é, a partir das 23h, com seu grupo, que era de iniciados sufis,[3] teosofistas, hinduístas, parapsicólogos.

Depois de meditarmos um pouco, informamos que sim. Se pudessem reunir-se às 23h, lá estaríamos, após a

---

3. Sufismo – É uma corrente mística e contemplativa do Islã, cujos praticantes são conhecidos como sufis ou sufistas. O pensamento sufi fortaleceu-se no Oriente Médio no século VIII e encontra-se hoje por todo o mundo.

Da verdade nada se oculta

conferência adrede programada para as 20h. Assim, estabelecemos uma ponte de contato com esse grupo.

Na hora aprazada, lá comparecemos, proferindo uma palestra com intérprete. Fizeram-nos muitas perguntas, até 2h da manhã, constituindo-se numa noite-madrugada muito interessante, porque eles ignoravam os postulados do Espiritismo.

Genebra é a cidade de João Calvino. Ali, a doutrina calvinista atingiu as mais altas expressões do Protestantismo europeu. De Genebra, irradiou-se para a França e para a Alemanha, e Calvino é, entre os muitos vultos amados na Suíça, um dos mais respeitáveis.

Ali também Rousseau elaborou parte da sua filosofia. Genebra se ufana das suas tradições culturais do passado, sendo sua Universidade uma das dez mais famosas da Europa.

O nosso diálogo, portanto, transcorreu num clima muito ameno, em razão de ignorarem eles o que era o Espiritismo. Fruímos da agradável oportunidade de apresentá-lo em seus fundamentos e postulados.

Ao terminarmos a reunião, o Dr. Christian Tal Schaller, Presidente da Fundação Soleil, apresentando-nos vivo interesse, perguntou-nos se havia alguma obra que pudesse ler. Informei-lhe das obras de Kardec em francês. Falou-nos que as havia lido ligeiramente, mas que não se interessara.

Entre os nossos livros, perguntou-nos se não haveria algum que lhe pudesse provocar interesse. Reportei-me ao *Grilhões partidos*, que então já estava traduzido ao inglês e ao espanhol. Como ele fala muito bem o inglês e mais ou menos lê o espanhol, prontificou-se a lê-lo, no interesse de conhecer a literatura mediúnica.

Posteriormente, escreveu-nos pedindo permissão para traduzir o livro ao francês, solicitando os direitos autorais. Estabelecemos um contrato, mediante o qual renunciávamos a qualquer interesse, oferecendo à Fundação Soleil todo o resultado pecuniário que adviesse na obra que estávamos cedendo.

O trabalho foi muito bom e o livro pôde ser terminado. Dois anos após, fui especialmente convidado para ir a Genebra fazer o lançamento, o que ocorreu em La Grande Salle, o maior auditório daquela bela cidade. Graças à Fundação Soleil, uma sociedade dedicada a obras de benemerência, fomos brindados com a passagem aérea para aquele evento.

À véspera, convidaram-nos para um almoço. Fazem eles a alimentação natural, particularmente de legumes crus.

No dia seguinte, teríamos a conferência seguida da apresentação do livro, que lá levou o título de *Sauvée de la folie* (*Salva da loucura*). O Dr. Crhistian contou-nos que o livro lhe havia causado um grande impacto e que escolhera uma excelente tradutora para fazer a versão do inglês para o francês. Ele confrontou a tradução do espanhol ao francês, e uma brasileira amiga nossa, a Dra. Teresinha Rey, Psicóloga e Professora da Universidade local, fez a revisão do português para o francês.

Fiquei muito sensibilizado, porque não deixa de ser um fato muito agradável. Como dizia Chico Xavier: *O livro é o filho do médium, com o Espírito*. A tradução – concluo, por nossa vez – vem a ser o neto, pois é o filho que teve filho...

Chegou o momento. Estávamos numa ansiedade de ver o livro, como um pai que aspira a ver o filhinho na maternidade. Não havia jeito de me o mostrarem, e não demonstrávamos – pelo menos por fora – a nossa curiosidade.

Ao agradecer ao Dr. Christian Schaller por haver publicado o livro, ele perguntou-nos:

— *Você não tem a curiosidade de conhecer a tradutora? Ela fala nove idiomas, e é uma mulher extraordinária* – complementou ele.

— *Naturalmente!* – aditei. — *Ela certamente é uma excelente tradutora.*

Então, ele marcou um encontro na Fundação Soleil, para que pudesse ocorrer esse contato. É sobre isto que desejo me reportar.

No momento em que termináramos os debates com seus alunos de doutrinas místicas e estávamos de pé, num corredor, ela veio, trazida pelo anfitrião. Cumprimenta-mo-nos, abraçando-nos.

Deparei-me com uma senhora muito bonita, aos setenta e cinco anos de idade, com expressiva tranquilidade na face, o que nos surpreendeu agradavelmente. No livro não figurou o seu nome, por motivos que passaremos a entender.

Começamos a conversar. Vamos ressaltar preliminarmente que o Dr. Christian havia mandado um membro da sua fundação ficar conosco na Bahia, por três meses, com a alegação de que iria para aprender o Espiritismo, mas que em verdade era para conhecer nossa Instituição, ver bem o de que se tratava e avaliar sua legitimidade. Aceitamo-lo, com muito prazer.

Esse rapaz tornou-se-me quase como um filho. Tinha vinte e dois anos e era de origem espanhola. Embora não falasse muito bem o português, pedi-lhe que nos auxiliasse na tradução desta conversação com a referida senhora tradutora.

Ele começou a traduzir, mas à medida que íamos avançando, já não foi mais necessária uma intermediação, e pedimos a César, o rapaz, para que nos deixasse mais à vontade, porque ela queria dizer-nos algo mais confidencial.

Houvera ela, então, salientado com muito carinho na inflexão da voz:

— *Ah, senhor Divaldo! Precisava tanto conhecê-lo. O senhor não pode imaginar o quanto de necessidade tinha de o conhecer, porque esse livro salvou a minha vida. Vou contar--lhe a minha história.*

Narrou-nos, então, uma das histórias mais fantásticas que já pudemos observar na vida. Salientou-nos que agora era espírita, tendo encontrado a felicidade no crepúsculo da vida, daí a imensa curiosidade em nos conhecer.

À medida que traduzia – disse-nos, com satisfação –, tornava-se espírita, não sendo preciso ler Kardec nem outras obras mais, pois havia encontrado o essencial, que era a certeza da imortalidade da alma e a evidência da reencarnação. Tudo quanto lesse, de agora por diante, iria confirmar aquilo que ela já havia aceitado.

Contou-nos que fazia parte da nobreza da Letônia durante a Segunda Guerra Mundial. Quando o Eixo (Alemanha e seus satélites) rendeu-se em 1945, a Letônia, a Lituânia, a Iugoslávia, a Tchecoslováquia, a Polônia também ruíram, e os russos invadiram seu país.

Ela contava, àquela época, trinta e cinco anos de idade. Seus pais eram os arquiduques da Letônia.

Quando os russos chegaram, tomando conta do país, a família real e os nobres foram liminarmente presos, pelo crime de serem nobres. Não era tanto porque haviam

Da verdade nada se oculta

apoiado a Alemanha – e apoiaram porque foram dominados –, mas sim porque eram nobres, e agora a nova burguesia era a do <u>proletariado</u>.

No mundo é sempre assim: derruba-se o Estado para levantar-se, sobre seus escombros, um outro Estado; derrubava-se uma nobreza para levantar-se a nobreza do proletariado...

Ela viu seus pais, a mãe de 60 anos e o pai de 65, marcharem para um campo de concentração, sob humilhações incompreensíveis... Por extensão, ela, o seu marido e os dois filhos foram todos separados.

Ela foi jogada num campo de concentração, erguido de emergência na periferia da cidade, para conviver com as meretrizes e o que havia de pior no conceito social da comunidade na qual fora uma das mulheres mais respeitadas.

Suas mãos nunca haviam pegado em nada; era imoral uma duquesa pegar qualquer coisa. Sempre tinha alguém para abrir a porta, para servir, a não ser a própria alimentação com os talheres, mediante luvas...

— *Para o senhor ter ideia da severidade da nossa educação* – acresceu ela –, *nunca paguei uma conta minha; sempre quem pagava era o nosso secretário. As nossas bolsas eram simbólicas e não levávamos dinheiro* – nesta altura, pensei comigo mesmo: igual a nós, lá de Pau da Lima...

Logo que se deu conta da situação trágica a que fora atirada, uma onda de revolta lhe assomou, e um ódio começou a abrasá-la, em seu padecer angustioso. A princípio, o desejo de suicidar-se, porque a vida não tinha o menor sentido. Aquela mulher, que fora educada na ociosidade, que tivera cultura – falava nove idiomas –, que era um adorno da sociedade europeia, estava reduzida à condição mais ínfima.

A rendição de seu país ocorrera durante o inverno. Sendo assim, ela se viu obrigada a vestir uma roupa de sarja, sem nenhum agasalho quente ou uma roupa íntima; uma pantufa gasta, os cabelos cortados rente, para evitar os parasitos, e foi posta num dormitório coletivo com meretrizes e pessoas doentes. Contaminou-se, então, com as doenças ali atuantes, decorrentes dos problemas compreensíveis.

Para humilhá-la, as antigas meretrizes obrigavam-na a lavar os sanitários que todos usavam. Nesses momentos, os fracos são muito piores do que os aparentes fortes, porque têm o ensejo de vingar-se do tempo em que eles eram servos e os outros, patrões.

Contou-me que ninguém poderá imaginar o que se passara nela, nessa dicotomia: querer morrer, para se ver livre, e querer viver, para se vingar. Resolveu que não morreria, para ter forças suficientes de odiar o Regime Comunista, até ver o grande momento da libertação da Humanidade.

— *Hei de sobreviver* – afirmava-se, encolerizada. — *Tenho grandeza moral. Isso não me humilha, eles nunca dobrarão o meu pescoço! Sempre serei uma duquesa, aonde quer que vá.*

A sua primeira reação havia sido contra Deus; um ódio de Deus e da Religião, porque não havia sentido para ela, do ponto de vista religioso – ela era católica –, Deus fazer aquilo com ela. Que crime houvera cometido?! Qual era a sua culpa de haver nascido na nobreza de seu país? Afinal, seus pais eram benfeitores da comunidade; sua mãe e ela haviam inaugurado várias casas de beneficência, que

Da verdade nada se oculta

eles próprios mandaram construir. Por que Deus quis fazer aquilo? Então, certamente não havia Deus; tudo era injusto e sem sentido; nada possuía significação...

À medida que o tempo passava, acompanhou a Guerra Fria, a Guerra da Coreia, as lutas que advieram, e começou a anelar por uma guerra total, para que a Humanidade fosse destruída e, consequentemente, os russos fossem esmagados. Permaneceu por dez anos presa nesse campo de concentração, sendo então liberada.

Quando mais tarde a Hungria foi invadida pelos tanques russos, ela foi novamente presa. Ficou mais seis anos num campo de concentração. Os russos temiam que houvesse um levante por parte daqueles que, de certa forma, eram um símbolo da realeza.

Em 1966, foi libertada com um grupo, por causa da tuberculose pulmonar. Estava a morrer, mas ainda assim gozava de uma liberdade vigiada; tinha que apresentar-se todos os sábados ao comitê de polícia.

— *Fui trabalhar como varredora de rua na minha cidade, para poder sobreviver* – ressaltou-me num tom de constrangimento – *onde meu pai e minha mãe haviam sido arquiduques. Morava em um barraco coletivo com aquele grupo que havia saído junto.*

Eu continuei varrendo. Parte da minha família conseguiu fugir. Aqueles que tinham familiares na Europa o governo russo às vezes liberava para que fossem embora, porque sabia que eram inimigos – complementou a tradutora.

Em meados da década de 1970, esquálida, vencida, começou a ir à embaixada russa para pedir a liberação de seu passaporte. Era maltratada e esbofeteada. Diziam-na louca, e voltou a ser presa. Seis anos depois, foi posta novamente em liberdade, para varrer rua.

Passou a morar numa choça miserável e dormia numa tábua. Mas, convicta, reafirmava-se constantemente: — *Viverei para denunciar isto ao mundo!*

No ano de 1980, desfalecente com aquele horror, ela teve uma crise diante do Parlamento, pois havia tentado sair do país sem nunca conseguir seu passaporte, desde que tivera a primeira libertação.

Naquele dia falou aos companheiros: — *Hoje vou morrer! Vou pedir um visto de saída. Se não me derem, vou agredir um funcionário, fazer qualquer loucura para que me matem. Eu não me matarei; eles é que terão que me matar, porque será um crime a mais. Se algum dia sair daqui, vou contar ao mundo o que são esses bandidos.*

Tendo se adentrado ao Parlamento, foi direto ao setor de passaportes, onde teve um debate muito forte com um funcionário. Brigaram, preencheu um formulário e foi presa. Três dias depois, para surpresa geral, recebeu o passaporte para ser expulsa do país.

Deram-lhe alguns dólares, dois vestidos, duas peças íntimas, um par de calçados, um sabonete. Algemaram e levaram-na ao trem com um agente, que a acompanhou até a fronteira, onde foi desalgemada. Lá recebeu o passaporte com o dinheiro.

Antes de viajar, conseguiu saber que tinha parentes morando nos subúrbios de Paris, os que conseguiram evadir-se, as pessoas da nobreza. Telegrafou-lhes dizendo que estava sendo libertada e que desejava viver em Paris.

Os parentes e familiares eram decentes, respondendo que a esperariam. Ela informou o dia, a hora e viajou. Na pequena cabine do trem onde foi colocada, e depois de o agente secreto ter saído, ao atravessar a fronteira da Letônia, na direção da Holanda, transferiu-se para a terceira classe,

Da verdade nada se oculta

continuando a viajar com a persiana da janela abaixada, sem ânimo.

Esse trem deveria viajar por mais de quarenta horas. O pavor que tinha do mundo era imenso, ainda mais que muitos fugitivos ou pessoas libertadas eram assassinados na viagem. Ficou, pois, permanentemente trancada, apavorada, aguardando a morte iminente.

Em determinado momento, transpondo o território suíço, quando o trem fez a primeira parada, teve a curiosidade de levantar a persiana da janela. Olhou, e avistou uma cidade que a encantou.

Era Lausanne. Afirmou para consigo: — *Vou ficar aqui mesmo!* – pegou a maletinha e saiu a correr, mas não alcançou o trem local. Como aquele em que vinha já saíra, pegou outro trem, pagou dois dólares e desceu na próxima cidade, Genebra, já à noite, para tentar no dia seguinte voltar a Lausanne.

Deu-se conta de que Genebra é a segunda cidade mais cara do mundo. Uma noite, numa pensão da mais ínfima categoria, custava vinte dólares, só para dormir. Saiu a <u>deambular</u> por ali.

Como falava muito bem o francês, procurou um albergue. O único que conseguiu pertencia à Fundação Soleil, onde teve que pagar cinco dólares só para dormir, das nove horas da noite até as seis da manhã. Foi dormir sem comer.

No dia seguinte, quando despertou e se preparava para ir à estação de trem, o diretor da instituição, olhando-a, perguntou se havia se acomodado bem, porque percebeu que se tratava de uma dama de fino trato, embora seus quase 40 anos de sofrimentos e misérias. Quem teve princípios jamais os perde...

Dialogaram. Ela relatou que estava aturdida, que não sabia o que fazer da vida, que necessitava de um serviço que lhe desse pelo menos a alimentação do dia.

— *Foi a primeira pessoa gentil que encontrei nesses últimos anos de vida* – ressaltou-me, com voz emocionada –, *porque ele me fitou e disse:*

— *Não posso arranjar-lhe um trabalho. Infelizmente, também, não tenho como hospedá-la em minha casa. Somos um casal de idosos, e não podemos aceitar estrangeiros, apesar de aperceber-lhe uma autêntica dama, mas se não se importar em cuidar do meu jardim, poderei dar-lhe um pequeno chalé de madeira que tenho no fundo do quintal para que possa residir, podendo também ser uma dama de companhia para minha esposa.*

Tive um salário e passei a ter uma alimentação condizente. De vez em quando conversava com a senhora que era minha patroa e era médica. Então me fui relacionando com ela. Um dia, fui convidada para tomar chá, pretendendo ela conhecer-me melhor.

— *Mas, a senhora é uma pessoa tão erudita, tão culta!* – observou generosamente minha anfitriã.

Estabelecemos laços de fraternidade e tornamo-nos simpáticas, mas ninguém sabia da minha origem. Usei um pseudônimo, Nadja, porque tinha medo de ser vitimada em Genebra, que é uma cidade de assassinatos políticos, de agentes secretos e de crimes misteriosos. Nessa região da Europa, ninguém se interessa em saber quem é o outro. Ter dinheiro é o que basta. Deixei observado que minha família me educou.

Ela propôs-me: — *Você gostaria de ser a governanta de nossa casa?*

Da verdade nada se oculta

Saí da jardinagem para ser essa governanta. Nesse ínterim, o presidente da Fundação Soleil morreu, e o senhor que me assistia foi nomeado presidente. Um dia ele me disse:

— Temos lá na Fundação Soleil o chamado Jardim da Saúde. A senhora gostaria de tomar conta dele? É um lugar lindíssimo, de flores, de legumes.

Ela aceitou. Continuou morando no chalezinho e cuidando aos sábados e domingos do jardim doméstico; durante a semana, encarregava-se do jardim da fundação.

À medida que o tempo foi passando, ela foi voltando ao normal e recuperando seu melhor refinamento. Vendo-a assim, perguntaram-na se falava apenas o francês.

— Falo e escrevo muito bem em nove idiomas – notificou ela, num tom convincente.

Foi convidada a colaborar em pequenas traduções, ajudando a fundação a verter do francês para o russo, ao tcheco, ao polonês etc., pois esta tem uma rede internacional. Passou para um salário mais expressivo e sentava-se à mesa com os demais, mas não abandonou o cuidado do jardim.

O europeu não considera profissão ínfima, como nós, as humildes. Todas são-lhes nobres.

Veio o Dr. Schaller, que também era médico e professor de Fisiologia da Universidade de Genebra, ocupar a presidência da fundação. Ela ali já estava há quatro anos. Era dama respeitável, porém todos a conheciam como Nadja, exclusivamente.

Ninguém nunca lhe perguntou mais nada. Sua família, em Paris, estava muito bem situada, querendo-a lá, mas ela resolvera que a Suíça seria sua pátria, onde estavam as sedes das maiores organizações mundiais, e onde um dia pretendia lançar o seu protesto, no departamento da

UNESCO,[4] quando então apresentaria o livro da saga da sua história, desvelando para o mundo a tragédia do regime stalinista na Letônia.

Nessa condição foi que o Dr. Schaller deu-lhe o livro *Obsession* (*Grilhões partidos*, em inglês), para que fizesse a versão. Quando viu que se tratava de literatura espiritualista, ela recusou, tal o ódio que tinha a Deus, a Espírito, alma, porque o rancor que tinha contra os russos não desaparecera.

No entanto, possuindo já tanta dívida para com a fundação, e por educação, reformulou sua atitude. Ganhava cinco francos suíços por cada página traduzida.

À medida que ia lendo, mais detestava e mais encolerizada ficava. Quando uma personagem, a moça obsidiada, termina por ficar louca, resolveu parar de traduzir, chegando a jogar o livro no chão e sapatear em cima.

Asserenada, retomou. Na continuidade da história, constatou que Antônio, o rapaz que havia morrido na Segunda Guerra Mundial, veio a uma sessão mediúnica e relatou por que obsidiava aquela moça.

Ela ficou intrigada. Começou a se interessar. A personagem Antônio se achava vítima do coronel, que o levou à morte. Agora, vinha maltratar a menina para poder vingar-se do pai.

— *Mas que culpa tinha a menina?* – perguntava-se. Ela ajustou o caso a si mesma: — *Nasci na nobreza, e os russos me mandaram para o campo de concentração. Que*

---

4. UNESCO – Sigla formada pelas iniciais das palavras inglesas United Nations Educational, Scientific and Cultural Organization (Organização das Nações Unidas para a Educação, Ciência e Cultura), instituição especializada da ONU, constituída em 1946 para proteger as liberdades humanas e incentivar o desenvolvimento cultural, com sede em Paris.

culpa tenho de ter nascido nessa condição? Não posso traduzir! Tenho que ver em que vai dar...

Parou de traduzir e começou a ler o livro. Quando veio a questão da reencarnação, da Justiça Divina, verificou que aquela menina não sofria inocentemente, que havia antecedentes: fora uma dama impiedosa, que arquitetara um sórdido crime contra um religioso da cidade de Braga, em Portugal.

— *Será que também na minha vida haverá a mesma causalidade? Será que vivi antes e havia uma razão para que sofrêssemos tanto?* – questionava-se, intrigada. — *Se existe a sobrevivência, então encarnamos, desencarnamos, reencarnamos, e assim por diante...*

Deu-se conta da reencarnação, da qual nunca tinha ouvido falar em sua casa. Nunca! Não tinha a menor ideia.

E convenceu-se: vive-se antes! O erro de uma vida acerta-se na outra, ou na mesma, pouco importando a questão do tempo. Começou a raciocinar em termos de lógica.

Ao terminar a leitura, afirmou-se:

— *Se isto for mentira, está muito lógico; pelo menos interessante. Aqui está uma resposta para as minhas dúvidas.*

Concluiu a primeira tradução. Um tanto tosca; apenas para colocar a ideia em francês. Lia o capítulo, absorvia-o e reescrevia-o posteriormente no francês, para não ser uma tradução literal. Então, sim, escreveu como qualquer pessoa de língua francesa o faria, na beleza própria do idioma, comparando as ideias para não as alterar.

Fez a revisão, deu forma literária e entregou ao Dr. Schaller, ressaltando:

— *Coloquei aqui a minha vida. Este livro acaba de salvar a minha alma. Agora creio que tenho uma alma e creio em Deus. Não sou capaz de perdoar, mas já sou capaz de entender. Tinha que ter dívidas pregressas, que me retornaram. Depois de quitá-las, agora estou gozando o fruto de uma nova vida, que recomeçou.*

Exatamente. Agora era ela uma dama respeitável na sociedade genebrina. Tem o seu lar, um bom salário e todos a admiram. Já traduziu mais de vinte livros, sendo, portanto, um nome muito ilustre – Nadja –, embora ninguém conheça a sua procedência, exceto o Dr. Schaller.

— *Agora sou espírita. Quando Divaldo vier para o lançamento, quero uma entrevista particular* – solicitou a ilustre tradutora ao Dr. Schaller.

A entrevista particular foi num corredor. Havia terminado o encontro de estudos e ali estava eu postado de pé, quando ela surgiu. Dialogamos por um bom tempo, quando ela narrou-me o acima exposto.

— *Senhor Divaldo* – declarou-me, na sequência –, *já que sabe agora a minha história, desejo que tenha a satisfação de saber que, se este livro não valer nada para alguém, a mim me salvou. Isto deve ser muito agradável ao senhor, que o escreveu. Não sei como o fez, porque não entendo. Compreendo culturalmente, mas nunca vi, e é por isso que coloquei um glossário de palavras espíritas, para que facilite ao leitor que o leia. Acredito em sua honestidade, e o livro me fez bem. Se isso é ou não verdade, não me interessa; eu não tinha nada, e agora tenho uma explicação. Porém, tenho uma curiosidade e quero perguntar-lhe uma coisa apenas: poderá dizer-me, com toda a honestidade do seu ser, se a vida continua?*

— *Digo, sim senhora! A vida continua* – confirmei-lhe, com voz vibrante e afável.

Ela comoveu-se; teve um impacto. Os olhos nublaram-se de lágrimas.

Da verdade nada se oculta

— *Tenho o desejo de saber, antes de morrer, o que aconteceu com papai e mamãe. Se algum dia, em suas meditações, o senhor souber alguma coisa e "achar que deve me dizer"* – veja-se quanto respeito humano... –, *eu agradeço que me diga. Não vou fazer chantagem, nem vou cobrar o trabalho da tradução, embora seja uma profissional desta área, mas do seu livro não recebi dinheiro, pois o que iam pagar-me dei para a fundação. Este livro me deu luz. Não posso cobrar; recebi muito mais do que o dinheiro me daria.*

Fiquei a analisar aquela senhora, meditando: setenta e cinco anos! Tão bonita e tão sofrida. Percebi que sua beleza vinha do interior, pelo sofrimento...

Poder-se-á questionar: mesmo o sofrimento revoltado? Respondo: era a arma que ela tinha. Para poder sobreviver, adotou o comportamento de ódio íntimo. O que importa é que sobreviveu; senão, a depressão a teria matado e não haveria o resgate da sua dívida.

Desde que a tradutora começou a conversar comigo, eu via uma mulher veneranda ao lado dela. Era de uma beleza ímpar, de vestido largo, com uma tiara de diamantes muito bela, aparentando uns 50 anos, no máximo, com um grande esplendor na face e uma condecoração multicolorida. Tenho certeza de que lhe darei a notícia a respeito de sua mãe e de seu pai – vaticinei.

Nesse momento, Joanna de Ângelis interveio:

— *Pode afirmar que a mãezinha está aqui e descreva-a.*

— *Eu vejo a sua mãe* – afirmei, então. — *Sei que é sua mãe. Está vestida desta forma...* – e descrevi-a.

A senhora começou a falar e, dentre as muitas palavras que dizia, repetia uma que pronunciei com dificuldade: *Ninotchka.*

Nadja foi ficando pálida, com a respiração ofegante. Era o nome dela, que nunca houvera dito desde que saíra da Letônia. A emoção foi muito grande, ela teve um <u>vágado</u> e caiu. Segurei-a, chamei César e o Dr. Schaller e recuperamo-la, colocando-a em uma cadeira.

É mamãe! – confirmou Nadja, ainda arfante de emoção. – *Só ela me chamava assim. Em nosso idioma significa "linda menina pequena". Eu era a eterna menina pequena da vida dela. É mamãe!*

O Espírito quis dar uma mensagem e começou a falar. Um detalhe muito interessante na mediunidade: não consegui entender nada, pois não tinha matrizes daquele idioma. Nunca reencarnei naquela região. Então, Joanna de Ângelis colocou a mão na testa da Entidade e na minha, e passei a saber o de que se tratava.

Comecei a relatar. Dizia que morrera três meses depois, no campo de concentração, como também o pai, seu marido, e os dois filhos. E foi dando as datas.

A senhora Nadja me segurou as mãos, naquele ato nervoso, quase me cravando as unhas, a olhar-me assustada. Falou-me, comovida:

— *Então está confirmado que ela realmente foi assassinada. O senhor acaba de descrever mamãe conforme a última recepção dada em palácio. Não posso mais ir à sua conferência, porque senão eu morro. Nem quando fui presa tive uma emoção igual.*

Deixou-me ali e saiu. Sintetizei ao Dr. Schaller o que havia acontecido, sem contar detalhes. Ele observou:

— *Essa mulher é adorável, mas é um enigma. Agora traduziu o teu livro gratuitamente. Disse-me que se tornou espírita e pediu para fazer aqui um grupo espírita. Agora tenho que estudar Espiritismo. Já estou providenciando uma sala e quero que me orientes, que me dês as bases.*

Ao Espiritismo Cristão cabe atualmente, no mundo, grandiosa e sublime tarefa. Não basta definir as características veneráveis de Consolador da Humanidade, é preciso também revelar-lhe a feição de movimento libertador de consciências e de corações, e empreender esforços para desencarcerar as consciências das paixões, as mentes dos vícios, e os corações das dependências perigosas.

À noite, quando o livro foi lançado, arranjaram-me uma tradutora ao francês, para a palestra, que foi algo mais engraçado. Deram-me uma tradutora da Organização Mundial da Saúde Mental, uma senhora que faz traduções para psicólogos e psiquiatras e, como o tema era específico de loucura à luz do Espiritismo, por causa do tema do livro, foram buscar essa senhora porque estava familiarizada com os termos da psiquiatria.

Estava com uma curiosidade imensa de vê-la e para treinar previamente, quando aparece uma senhora de uns 60 anos, americana. Perguntei-lhe:

— *A senhora é americana? E vai me verter do português para o francês?*

— *Olha, meu filho, a gente vai ver no que vai dar!* – argumentou ela, sorridente. — *Comigo é o maior "rolo": sou americana de nascimento, vivi seis meses no Rio de Janeiro, depois me mudei para cá, em Genebra; falo francês com sotaque americano, falo o português com o sotaque francês, e falo o americano com o sotaque português!*

Então, diante disso, podemos imaginar... Era uma senhora colorida, como quase todas as senhoras de 60 anos americanas, com um lenço azul na cabeça, uma calça de veludo verde, uma blusa cor-de-rosa, uma bolsa que era uma mala de viagem, um leque (no frio de Genebra!), um par de óculos enorme, preso a uma corrente. Depois dessas observações, concluí para comigo: — *Meu Deus, ela aqui já é um exemplo do tema da noite! Se estivesse na minha terra, iria presa...*

Ela mesma, a profissional, veio a mim e perguntou com uma expressão de desconfiança:

— *Será que vamos mesmo nos entender?*

— *Agora não tem jeito! Temos que nos entender* – respondi, um tanto receoso também.

Conversamos um pouco e fizemos amizade.

— *Eu nunca falei de Espiritismo, não sei o que é. Estou morrendo de curiosidade* – salientou ela.

À noite, fomos para o palco e começamos. Foi bastante interessante: tínhamos um público de mais de quatrocentas pessoas, que a cada momento denotava o agrado com que recebia as ideias. A tradução dava-se frase por frase, porque, do assunto que não se entende, não se sabe sintetizar quando traduzido. Mas ela foi bastante hábil. Depois, projetei um filme do Dr. Edson Queiroz realizando operações cirúrgicas mediúnicas.

Quando Edson cravava o bisturi e cortava, a tradutora exclamava, virando o rosto para outro lado: — *Ai! Ai! Ai! Ai!* – e tornava a olhar novamente, pelo canto dos olhos. Ninguém sabia se olhava com atenção para ela e seu dilema, ou para o filme.

— *Ah, mas tenho que olhar!... Espera!... Ai! Ai! Ai! Ai! Não posso olhar! Mas não posso traduzir sem olhar!*

Isto deu um toque tão agradável, que o povo adorou. Ela exclamou como quem duvida, perguntando-me:

— *O senhor me diga se estou vendo mesmo, ou sou louca varrida!?*

No dia seguinte, uma nova conferência, que ela também traduziu. Ao terminarmos, houve um debate sobre o tema.

A cidade é eminentemente protestante, calvinista. A primeira pergunta era bíblica. Um rapaz levantou-se e contestou:

— *A Bíblia proíbe o Espiritismo! Como é que o senhor me explica, se a Bíblia proíbe?*

Eu adorei, porque a pergunta já saiu errada.

— *Meu filho* – respondi-lhe, cordial e convicto –, *se a Bíblia proíbe o Espiritismo, eu o largo agora!*

— *Ah! Mas no Deuteronômio, Moisés proíbe o Espiritismo* – voltou ele.

— *Você vai me perdoar. Não sou protestante, mas já li a Bíblia umas cinquenta vezes, de capa a capa. A não ser que seja uma Bíblia daqui, porque as de lá não têm isso!*

— *O senhor quer dizer que estou errado?* – objetou ele, contrafeito.

— *Quero dizer, não! Eu afirmo que está errado!* – e acentuei com ênfase esta minha afirmativa.

— *O senhor não acredita na minha palavra?* – agora, já um tanto indignado...

— *Não! Não acredito absolutamente. Quero ver! Onde está a Bíblia?*

— *Ah! Mas eu sei de memória!* – argumentou ele, tentando impor-se.

— *Errado. Se você me mostrar a letra, largo o Espiritismo diante de todos os que aqui estão!*

Ele ficou um tanto embaraçado, mas no momento era o Espiritismo ou ele...

— *Não pode, meu filho!* – ponderei. – *Moisés não podia proibir uma coisa que não existia! Quando Moisés morreu, o que havia era comunicação de Espíritos; o Espiritismo veio quatro mil anos depois. Foi Allan Kardec quem criou a palavra no ano de 1857. Moisés não poderia ter proibido algo que viria tanto tempo depois. Você não acha? O que ele proibiu foi a evocação dos mortos; nem foi a comunicação, porque ninguém de cá pode proibir alguém de lá. Ao contrário: de lá é que proíbem a gente, porque de lá é a causa e aqui o efeito. Moisés proibiu que se evocassem os Espíritos, que se consultassem feiticeiros, adivinhos, cartomantes, necromantes... Isso ele proibiu. Proibir é legislar. Quando se proíbe, faz-se uma lei, justa ou injusta. É uma lei, tão somente. As leis estabelecem códigos de comportamento diante dos fatos existentes. A legislação dita o que é legal ou não, o que se deve ou não fazer, sob tais ou quais penalidades. O que Moisés fez foi moralizar as evocações. Evocava-se tanto, que ele proibiu para evitar fraudes e mistificações. Tanto isto é verdade que, depois que ele morreu, veio sem ser chamado, indo conversar com Jesus, no Tabor, trazendo juntamente Elias. Eram dois "mortos", que igualmente não eram santos nem diabos. Eram dois homens...*

Jesus se transfigurou diante deles; foi dominado por uma luz, que O transfigurou diante de Moisés e Elias, para que os discípulos vissem que Ele era maior do que esses dois missionários.

Quero, com este relato, ressaltar o drama que uma vida enfrentou.

Não vos deixarei órfãos; voltarei para vós (João, 14:18). Ninotchka padeceu de uma aparente orfandade espiritual por trinta e cinco anos, até que em 1980 veio

Da verdade nada se oculta

para o Ocidente e, entre 1984 e 1985, teve um encontro com o Consolador.

Desejo alentar e estimular os que sofrem. Nunca sabemos o que vai nos acontecer daqui a pouco. Nunca nos é lícita a atitude de desespero.

4

A VENDEDORA DE MAÇÃS

Outro conto de agradável leitura, magistralmente narrado por Divaldo Franco, em que está implícita a condição de que o bem sempre age onde está a necessidade, a forma sublime com que a Divina Providência se manifesta pelas mãos da caridade, ante as justas necessidades humanas. Uma página de confiança e alento, uma lição de solidariedade, de grande aplicabilidade a todos nós, se considerarmos que estamos em regime de crescimento espiritual, num carreiro de provações evolutivas, sem exceções.

Vivia numa pequena cidade universitária da Califórnia uma senhora que era vendedora de maçás. Chamava-se Josefa. Todos a tratavam, de certo modo carinhosamente, de tia Fefa. Ela tornou-se célebre exatamente por ser uma personalidade <u>excêntrica</u>. Possuía um pequeno carro, que estava sempre a empurrar pelo *campus*, a vender maçás a estudantes que nunca lhe pagavam.

Tia Fefa era uma pessoa <u>burlesca</u>, colorida, do tipo popular, que todas as cidades têm. Ninguém sabia a sua origem, mas todos a conheciam. Ela dava preferência a vender suas frutas a estudantes.

Quando lhe perguntavam por que a estudantes, dava como resposta:

— *Porque são jovens que têm mais problemas do que outros jovens.*

A faculdade de Medicina recebia-os de muitas cidades dos vários estados americanos, jovens idealistas que iam estudar e quase nunca tinham dinheiro para pagar nada: nem para pagar pensionato, nem para pagar lavadeira, nem para pagar comida.

Ela tinha o hábito de não vender fiado. Emprestava as maçás para a pessoa pagar quando pudesse – não era vender fiado, era emprestar dinheiro. A pessoa sentia-se digna porque fez um empréstimo e pagava quando pudesse, aliás, se viesse a pagar...

Certo dia, enquanto passava por uma das ruas onde moravam os estudantes, ela notou que um desses jovens, seu cliente, estava sentado no peitoril da janela, muito triste, a meditar. Ele estudava Medicina. Órfão de pai, a mãe mal lograva sustentar-se e a dois outros irmãos menores. Esperava formar-se para ajudar a manter a família.

Da verdade nada se oculta

Ocorreu que, em seu último período na universidade, deu-se conta de que não teria oportunidade de fazer a prova final e diplomar-se, porque não dispunha do dinheiro para pagar as últimas mensalidades, e, devendo-se nessa universidade, a matrícula estava automaticamente cancelada. Era-lhe necessário pagar o semestre e as solenidades da formatura, estando em um momento culminante da vida. Teria que renunciar.

Sentou-se, então, no peitoril da janela, meditativo, sem <u>sopitar</u> as lágrimas, justo naquele momento em que estava a passar, com seu carrinho, aquela mulher engraçada de quem todo mundo ria, mas que era generosa. Ela aproximou-se:

— *Não aceita hoje uma maçã? É um empréstimo! É um empréstimo, permita-me! Depois de formado, você me pode pagar!* – e achegou-se um tanto mais.

O jovem, que não houvera encontrado um amigo para desabafar, murmurou, com leve tom de impaciência, reprimindo a tempestade dos sentimentos:

— *Não, tia Fefa, não tenho fome!*

Notando-lhe o estado íntimo, insistiu ela, observando-o com maior interesse.

— *Mas, então... tem problema?! Qual a razão de um jovem estar melancólico, a chorar? Não é possível! Que chorem os velhos, porque têm recordações tristes, mas os jovens não podem ter problemas para chorar.*

— *Tenho problema!* – confirmou o estudante, agora sem dissimular sua amargura.

— *Reparta-o comigo, meu filho! Quando carregamos um problema em soledade, ele pesa cem quilos a mais; quando o contamos a alguém, ele diminui cento e quinze quilos; e quando contamos a um outro, diminui ainda mais, até que*

passamos a contar a todo mundo que já não há o problema,
mas a gente continua contando, porque nos faz muito bem.
Diga-me lá, qual o seu problema? – reiterou a vendedora,
agora repassando um delicado carinho no olhar.

— *Ora, tia Fefa! O problema é dinheiro!* – confessou
o jovem, com um suspiro de angústia. — *A vida é muito
ingrata. Imagine você que estudei qual um mouro. Eu sou
um jovem pobre, que se esforçou a vida inteira. Estou con-
cluindo meu curso de Medicina, mas não me vou diplomar
porque não posso pagar o último semestre. Apesar de já estar
quase passado, não tenho dinheiro para fazer esse pagamento
e, consequentemente, não receberei o diploma.*

— *E o diploma é muito importante na sua vida?* – voltou a perguntar tia Fefa, de semblante generoso.

— *Mas imagine! Claro que sim! Estudo há quase vinte
anos para consegui-lo, e a senhora me pergunta se ele é importante para a minha vida? Esse diploma, tia Fefa, é a minha
própria vida. Por não poder formar-me, perderei o ano intei-
ro, todo o meu empenho, todo o meu esforço, e para repeti-lo
em outro ano, terei que resgatar a dívida atual e começar
tudo de novo.*

— *E quanto custa este semestre?* – sondou ela, semi-
cerrando um olho.

— *Uma fortuna, tia Fefa! Uma fortuna! Necessito de
dois mil dólares para pagar a universidade e formar-me.*

— *Mas isso não é um problema!* – exclamou ela em
voz vibrante, a sorrir. — *Afinal, você tem amigos. Você tem
a sua tia Fefa! Se são dois mil dólares, não há problema! Eu os
emprestarei. Tudo está resolvido, meu bem! Foi ótimo você me
contar. Eu não disse? Depois que conta, perde os cem e mais
quinze quilos...*

Da verdade nada se oculta

O rapaz observou, de modo <u>sorrateiro</u>, aquela senhora de meia-idade, malvestida, alegre vendedora de maçãs. Então disse:

— *Se a senhora tivesse dois mil dólares, certamente não estaria vendendo maçãs* – falou, olhando-a desconfiado.

— *A verdade é que eu tenho dois mil dólares* – asseverou tia Fefa – *e proponho a você que, mais tarde, às quatorze horas, vá ao banco* – deu-lhe o nome do Banco. — *Eu estarei lá e lhe emprestarei os dois mil dólares. Quando você os tiver, me os resgatará.*

Por fim, acrescentou o jovem, já algo afável:

— *Você pode agora me emprestar uma maçã? Porque depois que falei, até me deu fome!*

— *Vê lá, hein! Espere-me à tarde!* – repetiu ela, alcançando-lhe a maçã, e se foi.

O estudante sorriu com o que lhe pareceu de amarga ironia e achou que, além de louca, era ela ingênua, ou que talvez estivesse zombando dele. Uma velha que vendia maçãs... Virou-se e saiu da janela, indo para dentro.

Mas havia na fala de tia Fefa uma tal naturalidade e, <u>aureolando</u> a palavra, um sorriso tão cordial, que imaginou: — *E se ela tiver dinheiro, por um acaso? Não custaria nada ir até lá!* – ficou na sua mente a proposta tentadora.

E naquela tarde, para conferir, foi ao banco. Lá estava tia Fefa e seu pequeno carrinho de maçãs, que deixou por ali, chamando-o para que entrassem.

Todo mundo no banco saudava-a: — *Olá, tia Fefa!*

Ela foi ao caixa, e este sorriu, perguntando:

— *Mais uma importância que a senhora vai retirar? Tia Fefa, não é melhor que a senhora seja atendida na gerência?* – sugeriu o servidor. — *A senhora é uma pessoa muito importante aqui para nós.*

O rapaz preocupou-se:

— *Meu Deus! Vou ser ridicularizado; esta pobre mulher, que não tem com o que alimentar-se, ser importante em um banco...* – e vaticinou: — *Deve ser uma farsa.*

Certamente iriam zombar dele. Ela deveria ser uma psicopata. Mas, não tendo alternativa, acompanhou-a diretamente até a sala do gerente. Este a recebeu com efusão, tratando-a com cerimônia, e pediu-lhes que se sentassem, mandando servir café e água. O jovem estava lívido de vergonha.

— *Em que posso ser-lhe útil, tia Fefa?* – perguntou o mandatário.

— *Quero emprestar dois mil dólares a este rapaz. Dê-me um cheque avulso!* – determinou ela, com o rosto a iluminar-se num sorriso prazenteiro.

O gerente fez a entrega do talão de cheques. O estudante continuava descrente, esquadrinhando em volta, meditativo:

— *Que palhaçada! Está tudo combinado. Naturalmente todos sabem que ela é maluca, como eu sei. Depois, vão prorromper na gargalhada...*

— *De quanto é mesmo que você necessita?* – perguntou a senhora, olhando para o rapaz.

— *Tia Fefa, eu estava brincando. Não necessito de nada* – retrucou o moço, já com algum constrangimento, querendo recuar em tempo.

— *Ah!... Recordo-me: dois mil dólares. Vou fazer ao portador, para não ter problemas. De acordo, senhor gerente?*

— *A senhora saca quanto quiser!* – concordou o gerente. — *A senhora tem liberdade...* – nesse momento, ele deu uma piscada de olho para o moço.

O jovem dizia-se:

— *Louca varrida! E ele também! Um homem cínico. Aproveita-se para zombar de uma pobre anciã, como também de mim, metido nessa situação. Isto deve ser uma armadilha...*

Ela entregou o cheque assinado. Ato contínuo, ele bateu um carimbo e concluiu:

— *Em qualquer caixa!*

O moço olhou para ela e adiantou-se:

— *Não, não! Não há pressa. Tia Fefa, vamos embora! Eu tenho aula...* – a essa altura, todos os caixas olhavam, e o jovem, cismado, supôs que esperavam aquele momento em que desatariam uma gargalhada em sua cara. — *Não irei sacar agora* – arrematou ele.

— *Poderás fazê-lo a qualquer hora* – interferiu o gerente, tornando a piscar-lhe o olho.

— *É o que farei* – concordou de imediato o jovem, dominado por um sentimento de desconforto.

— *Bem, como o rapaz tem pressa* – argumentou tia Fefa –, *vamos nos retirar. Até logo.*

E despediu-se, levantando. O gerente abraçou-a e eles saíram. Ao passarem pelos caixas, bateram palmas aqueles a quem ele julgava cruéis expectadores...

— *Parabéns, doutor!* – cumprimentou-o tia Fefa, já na despedida, à rua. — *Agora, faça bom proveito.*

Pegou a carroça de maçãs e se foi, mercadejando na sua tarefa diária.

Ele ficou com medo de ir à reitoria. Pegou o cheque para rasgar, mas se admirou que a sua era uma bela caligrafia. Pensou resoluto:

— *Vou guardar como um motivo irônico da minha vida ter um cheque de dois mil dólares, mesmo sem valor.*

Às dezessete horas, quando já havia perdido a oportunidade da matrícula, estava na faculdade a recolher seus pertences quando encontrou o secretário, que, após inteirar-se do ocorrido, bateu-lhe no ombro, dizendo, compungido:

— *Mas você não tem um amigo que lhe adiantasse dois mil dólares?*

— *Tenho sim!* – respondeu-lhe, com ares de orgulhosa nobreza. — *Não sou tão infeliz nem tão abandonado como vocês hão de pensar. Não paguei por dignidade, porque acho um ultraje. Aqui está!* – e mostrou o cheque.

Ele fixou o olhar no que foi exposto, estendeu a mão para pegar e constatar a importância registrada, e falou, balançando a cabeça com satisfação:

— *Ah! É o cheque de Josefa! Amanhã pode vir fazer os exames.*

O rapaz fitou-o, reticente. Ele repetiu:

— *Venha fazer os exames!*

— *Bem, o pior que me pode acontecer é ser preso, mas já serei médico...* – pensou o moço, aquietando-se em reflexão profunda.

No dia seguinte, correu aos exames. No terceiro dia, aguardava atormentado pela incerteza, numa ansiedade quase inestancável, nervoso, antevendo eventual notícia de contestação, até que não aguentou. Ao fim da semana, foi ao banco. Pediu uma audiência com aquele mesmo gerente, e o cientificou:

— *Tenho que lhe confessar um delito. Aquele cheque-brincadeira da tia Fefa, dei entrada na universidade para pagar o meu semestre.*

— *Mas o cheque não era brincadeira!* – atalhou o administrador. — *É um cheque especial para quem tem depósito acima de um milhão de dólares. Por isso que a pessoa não os carrega em mãos. Tem que emiti-los diante do gerente.*

Da verdade nada se oculta

— *Mas isso deve ser uma grande farsa!* – objetou o jovem. — *A pobre da tia Fefa vive de vender maçãs. Aliás, não sei como é que ela vive, porque ninguém lhe paga! Nem eu pago.*

— *A mim não interessa do que ela vive* – contestou o gerente. — *Interessam-me tão somente o seu cadastro e o seu depósito. E o senhor procure falar com a tia Fefa.*

Ele diplomou-se. Tendo que voltar para casa, após a formatura, não teve a oportunidade de reencontrar tia Fefa. Chegara o período do Natal.

Tornou-se, então, um excelente e próspero pediatra, clinicando em uma cidade do interior. Enriqueceu.

Dez anos depois, no período do Natal, estava examinando velhos documentos, quando se recordou de tia Fefa. Lembrou que devia todas aquelas maçãs que lhe foram oferecidas. Ela não as deu, nem vendeu fiado; também emprestou o dinheiro. Que absurdo! Ele roubara; furtara a pobre senhora.

— *Meu Deus! Eu sou um indivíduo desonesto!* – pensava, ensimesmado. — *Cabe-me agora voltar lá e devolver-lhe os valores que tomei.*

Não passou o Natal naquele ano com a sua família. Ele já era pai de duas crianças. Explicou à sua mulher que deveria resgatar uma dívida de dignidade e gratidão.

Viajou até a Califórnia e foi à cidade onde se diplomara. Encontrou tia Fefa no *campus* da universidade vendendo maçãs, mais velha, mais cansada. Aproximou-se e perguntou, dirigindo-lhe um olhar enternecido:

— *Tia Fefa, a senhora se recorda de mim?*

— *Não, meu filho!* – murmurou a velhinha, confusa.

— *Mas... eu sou aquele estudante de Medicina a quem a senhora emprestou dois mil dólares! Lembra-se?*

— Ora, meu filho, que são dois mil dólares? Foram tantos os estudantes desta universidade a quem emprestei dinheiro, que se fosse relacionar, seria uma fortuna!

— Mas, tia Fefa, a senhora me deu aquele dinheiro que não era seu. Não é possível que a senhora tivesse tanto dinheiro! Hoje sou rico e venho devolver-lhe. Aqui está um cheque de trinta mil dólares: a sua importância, juros, correção monetária. Posso imaginar o que a senhora sofreu; tenho ideia do que veio a passar de privações para pagar ao banco aqueles dois mil dólares... Muito obrigado, tia Fefa.

Ela bateu-lhe no ombro e disse:

— Eu tive para você, não é verdade? Então também tive para os outros! Em verdade, não emprestei. Nunca empresto para receber. Eu dou. Não sou a pessoa que investe para receber. Sou a pessoa que semeia, para florescer os campos. Você não deve nada a mim; deve, sim, a todos aqueles que têm necessidade, e a quem você deve ajudar na hora importante. Guarde o seu dinheiro.

Gostaria de contar-lhe a minha história – prosseguiu tia Fefa. — Sou uma mulher que pertence a uma das dez famílias mais ricas do mundo. Quando papai morreu, deixou-me 100 milhões de dólares. Sou da família... – e declinou o nome.

— Recebi, de imediato, dez milhões de dólares, porque o restante estava investido nas nossas indústrias. Tornei-me uma das solteiras mais ricas da Terra.

Fiz muitos amigos, ou melhor, os meus dez milhões de dólares fizeram muitos amigos. Gostavam do meu dinheiro, não de mim; era boa para pagar, para gente que não precisava. Com essa importância, comprei praticamente tudo que desejei na vida. Encontrei muitos amores... para o meu dinheiro. Casei-me várias vezes com estroinas. Divorciei-me várias vezes, porque a mulher rica não inspira amor. Os *homens que delas se aproximam fazem-no para explorá-las. Percebi que o dinheiro na minha vida era uma desgraça. Em verdade, não tinha amigos. As pessoas se acercavam de mim para participar do meu brilho nas festas, amam o que temos, não o que somos.*

Quando constatei que o dinheiro compra quase tudo, mas não compra saúde, não compra paz, não compra o amor, não dá felicidade, resolvi dar um basta. Será que é crime ser rico? Por ser rico, não se é credor de amor, nem de respeito, nem de amizade? Onde encontrar o amor?

A melhor maneira de encontrá-lo é entre aqueles que não sabem valorizar o que são, e recebem a ternura do nosso amor. Então, compreendi que a vida não tinha sentido enquanto podemos comprar, pagar e vender. Ela só tem sentido quando podemos dar e dar-nos.

Que fiz eu? Resolvi colocar o dinheiro em um banco daqui e fui aprender a amar, travestindo-me de pobre, com naturalidade. Abandonei a futilidade de um mundo de mentiras para ser útil a quem tem necessidade de um amigo. Comprei uma carrocinha e vim para o campus *da universidade vender maçãs. Fui amar a quem tem carência de amor – os jovens.*

O meu objetivo não era vender maçãs. As frutas eram um pretexto para saber o que se passava com eles, porque enquanto a vão comendo, eles conversam e contam seus defeitos e problemas. Descobrindo-os, eu os solucionava. Acredito que o melhor tesouro que se pode possuir é ter a honra de ser amigo dos necessitados. Por isso, vim para cá e vesti-me dessa forma para não chamar a atenção da alta sociedade. Assim, descobri a finalidade da minha vida.

Ouvi confissões de jovens apaixonados e de mocinhas que estavam a um passo da corrupção para poder ganhar dinheiro de emergência; vi jovens que iam enveredar pelo suicídio, e a todos emprestei dinheiro, com uma condição pessoal: a não restituição, mas para que passassem o dinheiro a outrem, porque se emprestei a cem e, destes cem, cada um empresta a dez, teremos mil; se estes mil emprestarem a dez, numa proporção, teremos a Humanidade sem problemas. Ficarei muito grata se o dinheiro que lhe emprestei você emprestar a outrem, para que outrem pague a quem necessita; que este pague, por sua vez, a quem precise mais. Este é o sentido da vida: ser útil.

A velhinha sorriu e concluiu:

— *Se você quer me pagar, ajude alguém sem exigir nada, como eu o ajudei, então terei a satisfação imensa de saber que o meu amor vive, que meu amor continua a crescer e a jornadear por este mundo de Deus. Quando eu atiro uma maçã à vida, confio que as sementes caiam na terra* ubérrima *e transformem aquele solo num pomar. Confie em Deus, meu filho, que nunca nos abandona. Agora já posso morrer, porque pelo menos um voltou para receber a minha lição.*

Este médico teria a oportunidade de acrescentar seus comentários com o seguinte teor:

— *Ela estava com toda a razão. A partir dali, quantos pude notar que às vezes necessitavam de uma migalha, de um ligeiro empurrão, ou de uma mão que os segurasse ante a iminente queda no abismo. Tive dias difíceis, mas nunca me neguei a emprestar os juros da minha dívida para com tia Fefa, recordando-me de seu ímpeto puro e sincero para o bem, que provinha da sua alma grandiosa.*

Já devo ter pagado mil vezes, mas a minha consciência diz que estou devendo à tia Fefa, porque o que ela me solucionou resulta do somatório de tudo o que eu sou, a partir daquele momento. Sem ela, eu seria um fracassado. Ficamos unidos pelos fios invisíveis do amor fraternal. As almas nobres deixam atrás de si um perfume que jamais se evapora...

Quando o Senhor nos viu nessa imensa indigência na Terra, emprestou-nos o Espírito Consolador para que ele nos revigorasse na hora da amargura e nos sustentasse no momento da dor. Vieram os benfeitores espirituais como juros benditos do capital da fé.

Eles nos alentam, nos dão vitalidade. Não querem retribuição, apenas esperam que façamos com alguém o que eles fazem conosco. Eles somente desejam que déssemos esses juros, que não amortizam a nossa dívida. Invistamos em almas com as moedas da caridade.

A bela página de tia Fefa, a sua paz, está contida neste admirável *slogan* do Espiritismo: "Fora da caridade não há salvação". Mas não é apenas a caridade da esmola, da sopa fumegante, do agasalho, do vidro de remédio.

Naturalmente, todas essas são expressões da caridade, mas a caridade maior é a de natureza moral, libertar da ignorância, promover a criatura humana, educá-la, dar-lhe a dignidade para que não volte outra vez à miséria.

Agora é o grande momento de investir. Investir em vidas, aplicar o capital do amor, socorrer com a moeda-palavra, a cédula generosa, a carta de consolação, o gesto da amizade, o sentimento de perdão, a ajuda liberativa do problema. Eis os juros que o Consolador e a Doutrina Espírita nos legam, para que possamos esparzir a mãos cheias, com o mundo sofrido de agora, sofridos que, de certo modo, somos quase todos nós.

5

A CATADORA DE LIXO

Uma narrativa sobre a edificação espiritual no amor, a fibra e a grandiosidade das almas que sabem renunciar, plenas de paz interior. O histórico de uma vida que se nos faz exemplo, pinçado nos relatos dos fatos reais do quotidiano pelo extraordinário educador que é o Professor Divaldo Franco, extraído da obra que se intitula *As boas mulheres da China*, numa versão ao sabor da sua rica emotividade, mostrando-nos o verdadeiro êxito da criatura humana sobre si mesma.

Tornou-se célebre na Inglaterra uma jornalista chinesa de Nanking,[5] que conseguiu fugir para o Ocidente, tornando-se consultora da cultura da mulher oriental, principalmente da China, em pleno período da Revolução Cultural de Mao Tsé-Tung. Ela encontrou uma vaga no Partido Comunista para ser locutora de rádio. Escreveu um livro que todas as mulheres deveriam ler, com o título *As boas mulheres da China*.

Como a mulher na China não valia nada, sendo absolutamente humilhada até hoje, vítima de um preconceito terrível, ela teve ideia de dirigir um programa, sob o Regime Comunista, para a mulher.

Começou com uma forma modesta, pedindo:

— *Escrevam-me; mandem-me notícias; desejo saber o que vocês acham do meu programa.*

As mulheres começaram a escrever, anonimamente, com medo dos mandatários políticos, mas depois, mais audaciosamente. Ela tornou-se um perigo para o Partido Comunista Chinês, por começar a impor regras. A China inteira escutava-a, entre 23h e 24h, e, claro, os homens também, os chefes do partido.

Ela transformou-se numa figura carismática e, pelas cartas-histórias que recebeu, ao chegar a Londres escreve um livro, que é de uma beleza e nobreza ímpares, narrando a resignação da mulher, da sua superioridade, apesar de submissa e escravizada, devotando-se a escolher a grandeza da alma da China no coração das mães, na dedicação das esposas. Das belíssimas histórias, extraí uma que me comoveu em particular.

---

5. Nanking ou Nanjing – Cidade situada no delta do Rio Yangtzé (Yang-Tsé). Foi diversas vezes a capital da China. Localiza-se a 1.200 km ao sul de Pequim, a capital atual da República Popular da China desde 1949.

Da verdade nada se oculta

Certo dia, ela recebeu uma carta, na qual constava:

— *Eu sou ouvinte do seu programa. Sou catadora de lixo e resido na cidade do lixo, nas cercanias de Pequim. Gosto muito quando a senhora fala a respeito da dignidade da mulher* – e ela notou que a carta era de uma pessoa erudita, porque o chinês falado é o mandarim, que é muito difícil, por causa dos ideogramas. Para poder escrever, é necessária uma alta cultura, ainda hoje.

A jornalista ficou impressionada e resolveu visitar aquela mulher.

Embora o Comunismo acenasse com tantas "bênçãos" – a divisão da fortuna, a igualdade dos bens –, a realidade da China ontem, como ainda hoje, era bem diferente.

Certo dia, ela foi ao bairro dos catadores de lixo, um lugar perigoso. Tinha mais ou menos um endereço. Locomoveu-se pelas vielas miseráveis, chegou a uma casa de papelão, como sói acontecer com os catadores de lixo, e escutou uma voz maviosa, que dentro da casa cantava uma canção russa. Era o período em que a Rússia comunista auxiliava a China comunista, e o intercâmbio entre ambos era muito grande, principalmente pela troca de favores militares, de tecnologia e outros interesses econômicos. Ela sensibilizou-se e bateu à porta.

Veio uma chinesa de sessenta e cinco anos, aproximadamente, de muito boa postura, saudou-a com reverência, e ela apresentou-se dizendo ser a locutora. A mulher mandou-a entrar e agradeceu a visita. Na conversação, a radialista perguntou:

— *Você gosta da língua russa?*

A mulher ficou algo tímida, e respondeu:

— Sim, fui casada com um diplomata chinês, que estudou na Rússia. Meu marido e eu passamos um período belíssimo em Moscou. Lá ele exercia a diplomacia, e eu tive uma situação política invejável, era uma das grandes damas da cidade. Houve uma reviravolta, e o governo de Pequim mandou buscar meu marido. Retornamos. Meu marido teve uma síncope cardíaca, e eu caí em desgraça, tendo que assumir a responsabilidade da minha vida. E aqui estou. Terminei como catadora de lixo. Quero agradecer-lhe por estar dignificando a alma e a vida da mulher chinesa. A vida é curiosa, mas infelizmente ela não transcorre como desejamos.

A jornalista ficou impressionada, porque a mulher falava muito bem, expressava-se além do trivial e tinha uma certa postura de dama que recebera uma educação refinada. Conversaram algo mais e despediram-se.

Posteriormente, essa locutora foi mandada à Rússia para realizar uma grande reportagem. Lá a jornalista viu a caixa de bombons a que se referira a catadora de lixo, quando lhe houvera dito por ocasião daquela visita: — Meu marido adorava um chocolate de tal marca, produzido em Stalingrado –, e teve uma ideia: — Vou comprar e mandar de presente para ela.

Ao comprar, abriu a caixa e lá estava escrita a letra da música que a mulher cantarolava naquela noite, que também era a música preferida do seu marido. Quando voltou a Pequim, elaborou um belo embrulho e mandou um dos funcionários da rádio levar a caixa à catadora de lixo.

Passados alguns meses, houve uma grande recepção em Pequim, na residência de um jovem diplomata e sua mulher, de muita influência na cidade. Além de ter essa influência política, desfrutava de uma posição aristocrática

Da verdade nada se oculta

e econômica relevante. Ela teve a oportunidade de ir, convidada como repórter.

Em determinado momento, a dama veio com uma caixa de bombons, oferecendo-os à jornalista e a alguns outros convidados. Era idêntica à marca com a qual ela havia presenteado a catadora, e, quando discretamente levantou a tampa, percebeu que era a mesma caixa de chocolates... Mas, como sabia? Ali estava a letra da canção russa que a catadora havia cantado e a dedicatória, quase ilegível. Ela ficou muito intrigada: como aquele seu presente poderia ter saído da casa de uma catadora de lixo para uma recepção de alto coturno?

Guardou para si aquela caixa. Assim que pôde, ela foi à casa da catadora solver o enigma. Ao narrar o acontecimento, concluiu por perguntar:

— *Como esta caixa de bombons foi parar naquela mansão, na casa de uma família tão rica?*

A modesta mulher explicou:

— *É que o dono daquela casa é meu filho. Quando meu marido morreu, meu filho já estudava para abraçar a carreira política. Ele casou-se, e eu não quis perturbar-lhe a paz. Não desejei morar com ele; já estava com quase 60 anos e naturalmente uma pessoa com mais idade não deixa de ser um trambolho para filhos jovens, que têm direito de sonhar com a vida e ganhá-la. Também não queria criar embaraços para minha nora, porque a necessidade de proteger o meu filho é inerente à maternidade, e estaria mais ao lado dele do que dela... Então, combinei que iria morar no interior, em uma aldeia distante.*

Como sou poliglota e falo muito bem o russo – continuou a catadora –, *lá ensino para o governo. Graças ao que ganhei, continuei a proporcionar uma educação refinada ao meu filho, que se tornou diplomata em homenagem ao meu marido. Mas a saudade do meu filho tem sido tão grande que vim a Pequim, e aqui estou. Como o emprego é muito difícil, a única maneira de vê-lo diariamente sem ser vista é catando lixo. Então, exerço essa tarefa para sobreviver e para vê-lo passar no automóvel diplomático. Depois que o automóvel passa, eu dou-lhe adeus, em carinho ao filho extraordinário que Deus me deu. Sua lembrança tem sido o culto da minha vida. Por favor, não diga a ninguém!* – pediu-lhe, acentuando o caráter restrito daquelas revelações.

Fez uma breve pausa, descansando o pensamento para descortinar novas reminiscências.

— *Quando você me deu aquela caixa de bombons* – prosseguiu, então, com a voz entrecortada pela emoção –, *não a abri. Lembrei-me de como meu marido também muito os apreciava e resolvi mandá-la para meu filho, que certamente gosta daquilo que seu pai gostava. Ele apreciaria, por certo, comer dos mesmos bombons que o pai preferia. Por isso mandei-a para ele. Desculpe!*

Agora já cumpri com a minha missão. Vou voltar para o interior, para minha escola de línguas. Não diga a ninguém – insistiu novamente, estendendo-lhe a mão.

Com um *até breve*, despediram-se prazerosamente, e a jornalista saiu a meditar.

Que êxito dessa mulher! Uma mãe sempre deseja estar ao lado do filho, vigilante para com sua felicidade. Ela renunciou a esse prazer, para não criar embaraços com a nora, para não ser, talvez, um ponto de discórdia.

Que lição de amor! Foi trabalhar numa função humílima, porque era a única maneira que tinha de ver o filho passar, sem ser vista. Oficialmente ela estava na sua aldeia...

Quando tomei conhecimento desta lição, na obra que se intitula *As boas mulheres da China*, comovi-me profundamente com o êxito de uma criatura sobre si mesma.

Deus é amor, e no oceano da magnitude divina, só o amor tem fôlego e vida para todas as coisas.

Nesse livro, rico de lições de amor e de maternidade, há outra página muito comovedora, narrada pela mesma autora:

Uma chinesa casou-se com um russo e transferiu-se para Moscou. Enquanto o marido fazia o curso de Engenharia Militar, ela aprendia o russo e participava também da Universidade, como estudante de Química.

Quando puderam ter permissão para voltar à China, ela concebeu o primeiro filho. Na China, concebeu o segundo. Viviam na opulência e desfrutavam das comodidades que o partido dá aos seus membros.

Mas a vida tem surpresas muito curiosas. O seu marido teve uma parada cardíaca e morreu inesperadamente. Ela ficou desolada. Como não tinha emprego, apesar de ser uma grande química, começou a buscar uma ocupação profissional. Três meses depois, seu filho mais velho morreu de escarlatina. Ela, então, perdeu as forças.

Em um dia de grande desespero, pegou seu filho de quatro anos e dirigiu-se ao Rio Yang-Tsé, o célebre Rio Azul. O semblante estava tenso; a decisão tomada. Aquela é uma área de águas muito profundas. Caminhando com o filho, chegou à borda do precipício para atirar-se. A criança perguntou-a com o olhar da inocência infantil:

— *Mamãe, estamos indo para ficar com papai?*

Ela teve um susto. Como a criança houvera captado o seu estado mental?

— *Mas como você sabe, meu filho?*

— Sim, porque papai está do outro lado, não é, mamãe? Vamos nos encontrar com ele?

— Vamos, meu filho. Você não quer ir?

— Querer, eu quero, mas que pena que não trouxe o carrinho que ele me deu, para mostrar que brinco com muito cuidado!

O sentimento de mãe assomou. Ela teve um impacto. Abraçou o filho e chorou copiosas lágrimas, como se vertesse o tépido orvalho do próprio coração na preciosa flor da sua vida. Fez a viagem de volta.

O sentimento de vida explodiu em abundância, e ela foi trabalhar. Morte, de maneira nenhuma; vida, sim. Modificando seu comportamento, passou a educar o filho com grande sacrifício.

Temos o êxito quando nos edificamos no amor. Quando amamos, tornamo-nos exitosos em qualquer empreendimento a que venhamos a dedicar-nos.

Não é por outro motivo que Jesus é o nosso Psicoterapeuta, e que o amor contemporâneo é uma proposta terapêutica para o reequilíbrio psicológico, mental e orgânico da nossa existência.

No próximo capítulo, continuaremos a abordar a temática do êxito pessoal, em conformidade com os superiores objetivos da vida.

6

O FRIO SOPRO DA ADVERSIDADE

O drama de uma vida, no crepúsculo da sua existência física, em uma narrativa de belos ensinamentos educativos, pela análise que nos enseja dos atos humanos, recolhido do desfile dos fatos da vida. A grandeza do virtuosismo das almas dotadas de brandura e amor no coração, com suas características de confiabilidade nos desígnios de Deus, no trabalho de aquisição da sabedoria e coragem de enfrentar os desafios, ante as circunstâncias aziagas do quotidiano.

Dois indivíduos, duas características exemplares de homens de bem, que merecem meditação acurada. Um, lição de humildade singular e de heroísmo anônimo comovedor; outro, a expressão viva da gratidão e lealdade na amizade, que, reconhecido, não olvidou os gestos de solidariedade de que foi alvo, quando recebeu o apoio para a concretização dos seus ideais de fidelidade à causa abraçada. É o exercício do amor desinteressado, puro e magnânimo que sensibiliza. Simplicidade e pureza de coração escritas no livro da vida em letras de ouro.

Conheci em uma cidade próspera, no sul do país, um homem riquíssimo que me hospedou várias vezes em sua casa, uma mansão, nos anos 1970, que tinha dez suítes para receber hóspedes. Era dividida em duas grandes alas, em um bosque e em um terreno ajardinado: a ala dos hóspedes e a ala da família.

Esse homem era proprietário de uma empresa e naquela época possuía seiscentos ônibus para atendimento urbano e interurbano. A sua fortuna era comentada e invejada.

Ele, um homem simples, começou como motorista de caminhão. Foi fazendo negócios exitosos, comprou um ônibus e conseguiu esse império. Casado com uma senhora espírita, de uma generosidade incomum, ele também espírita, era um homem de poucas letras, mas de alma e coração de criança. Nessa fase eu o conheci.

Conheci também um familiar que ele empregou na empresa, parente da sua mulher. O moço era muito ambicioso, era idealista.

Passaram-se os anos. Na década de 1980, houve uma mudança na política local, e a empresa teve que se ajustar

Da verdade nada se oculta

a novas regras da Prefeitura. Surgiram outras empresas e estabeleceu-se uma competição muito acirrada.

Ele começou a entrar em decadência. A esposa morreu, e ele caiu em depressão.

Não há muito, visitando aquela cidade, soube que ele estava numa condição econômica das mais terríveis, abaixo do nível da miséria. Havia perdido tudo, todos os bens, os móveis, lembranças de família, tudo foi empenhado. Então, resolvi visitá-lo.

Ele morava numa casa suburbana, aos 88 anos, mas quando lhe vi o rosto, havia uma expressão de paz na sua face, os olhos vívidos eram as luzes das suas virtudes. A indigência e a dor das pessoas desamparadas não lhe ocupavam lugar no mundo íntimo. Ele, reconhecendo-me, perguntou, entre surpreso e jubiloso:

— *Você veio visitar-me, Divaldo?!*

— *Sim, senhor!* – respondi-lhe a sorrir, na alegria do reencontro.

— *Mas eu agora sou tão pobre!*

Eu contestei:

— *Lembro-me de Jesus: "Bem-aventurados os pobres de espírito, porque eles herdarão o Reino dos Céus". O senhor é um homem pobre de espírito de avareza, pobre de espírito de ambição, pobre de espírito de poder, mas de espírito rico de paz e de alegria.*

Através dos amigos, soube dos comentários circulantes de que alguém havia conspirado contra ele, causando--lhe a derrocada. Aquele parente da sua esposa, o que ele colocara na empresa para ser seu ajudante e uma pessoa de confiança – porque à época ele já estava com 60 anos, merecendo uma certa aposentadoria –, este rapaz fraudou, furtou, ficou rico. Hoje está riquíssimo, e ele passando as necessidades mais primárias, mas com muita paz e brilho no olhar, que me comoveram.

Conversando, ele me disse:

— *Lamento não poder oferecer-lhe um café, alguma coisa, porque agora a vida mudou completamente.*

— *Mas me sinto mais à vontade aqui, nesta casa, do que naquela casa palaciana antiga!* – objetei-lhe.

Ele redarguiu-me com autêntica convicção e num tom vibrante, movendo a cabeça com satisfação:

— *Eu também! Sinto-me muito melhor aqui; voltei às minhas origens. Diz a Bíblia que nascemos do pó e ao pó volveremos. Eu nasci no* <u>tugúrio</u> *e Deus me permite morrer em outro tugúrio. Fui muito feliz tanto como pobre quanto como endinheirado, e agora como pobre novamente.*

Intimamente, estava com aquela dúvida se deveria perguntar ou não sobre o familiar. Resolvi perguntar:

— *E o senhor tem notícias de Fulano?* – como se eu não soubesse...

— *Ah, sim! O sobrinho da minha mulher está morando naquela casa, Divaldo! Vou lhe contar uma anedota muito trágica, que me disseram quando eu era rico: dois indivíduos aproximaram-se. Um tinha muito dinheiro, e o outro tinha muita experiência. Uniram-se para formar uma sociedade. Dez anos depois, o que tinha muito dinheiro ficou com a experiência, e o que tinha experiência ficou com o dinheiro, e muito rico. Eu tinha o dinheiro, e o meu sobrinho adotivo tinha* <u>sagacidade</u>. *Ele agora está com dinheiro, mas eu não estou sagaz, estou em paz, porque daqui a pouco eu me vou, e tudo o que tenho levarei comigo.*

Da verdade nada se oculta

Segurei as mãos desse homem que logrou tamanho êxito perante si mesmo, que experimentou o frio sopro da adversidade e não deixou seu coração enregelar-se. As humilhações que passou, as situações desagradáveis, os comentários ferinos, as colocações perversas, as brumas das misérias humanas, mas que estava perfeitamente em paz, porque uma só coisa no mundo é importante: a paz interior. Na nossa busca pelo êxito, na qual empreendemos todos os nossos sonhos, que não percamos a nossa paz!

7

PRECIPITAÇÃO E DESTINO

Uma abordagem de estudo sobre um procedimento que amiúde apresentam os seres humanos é mais uma proposta de análise que Divaldo Franco nos coloca neste capítulo.

Dedicado e atento educador da alma humana, mostra-nos ele o efeito desastroso dos atos impensados que culminam em amargosas consequências, as resultantes lamentáveis do comportamento insano, frutos da irreflexão e da ansiedade, geradoras de perturbações plenamente evitáveis.

Em vista disso, prosseguir sem desespero, sem precipitação é a maravilhosa lição que deflui deste conto, vencendo os percalços que surgem no mundo com destemor e alcançando a tranquilidade, uma conduta segura para a vitória sobre nós mesmos e testemunho de fé nos desígnios superiores. Diz-nos Joanna de Ângelis, pela psicografia de Divaldo Franco: "A calma ensina a esperar pelos resultados de qualquer realização, que não podem ser antecipados" (*Receitas de paz*, Editora LEAL, cap. 5).

A violência é atávica. Sua origem procede de épocas imemoriais, fruto da preservação da vida, e para que os espécimes mais fortes pudessem perseverar na Terra convulsionada. De outro lado, as filosofias da negação, da arbitrariedade, do imediatismo fizeram com que olvidássemos do respeito aos valores humanos e nos atirássemos nos rios da precipitação, longe de todas as expressões racionais da ética e da moral.

Tratava-se de um médico que havia assinado um compromisso íntimo de salvar vidas. A sua era uma experiência de natureza superior.

Morava em uma pequena cidade ao sul da Califórnia e tornara-se extraordinário cirurgião. Dedicava-se a salvar aquelas vidas que haviam mergulhado no silêncio da pré-morte por concussão cerebral. Seu nome ultrapassara as fronteiras locais e já se houvera tornado uma sumidade internacional.

Em uma tarde de sábado em que desabara uma trovoada, deixando alagadas as imediações da cidade, recebeu ele um telefonema desesperador. Vinha de uma cidade próxima, há cento e cinquenta quilômetros, na qual uma vida se estiolava. Quando uma criança fora levada ao hospital geral, feitas as radiografias, constatou-se a presença de um tumor e uma hemorragia bloqueadora, que poderiam ser removidos, caso a intervenção cirúrgica ocorresse num prazo máximo de três horas.

O hospital telefonou para o neurocirurgião. Ele estava passando o fim de semana fora, mas havia deixado um substituto que, procurado, não foi encontrado por ter ido atender um caso de emergência.

Depois de examinarem quem seria o cirurgião ideal, alguém alvitrou por um médico que, por coincidência, era da mesma cidade da criança.

De imediato, a assistente social daquele hospital telefonou-lhe:

— *O senhor é a nossa única esperança em um raio de duzentos quilômetros. Já tentamos várias opções, que redundaram inúteis. Ademais, a criança que está para morrer veio de sua cidade há poucos dias para passar o fim de semana com membros da família aqui, em nossa cidade.*

O médico, apesar de ter programado uma intervenção cirúrgica para horas mais avançadas da madrugada, não tendo alternativa, prontificou-se a viajar os cento e cinquenta quilômetros de ida. Faria a cirurgia e retornaria em tempo hábil, para que à meia-noite pudesse atender a outro paciente que estava vindo especialmente de helicóptero de uma cidade mais distante.

Esperava fazer a jornada em aproximadamente uma hora e quarenta minutos, o que redundaria em cerca de três horas e vinte minutos para ida e volta. Solicitou que se fizesse uma série de radiografias. Desejava observar onde estava o tumor e a localização da hemorragia bloqueadora.

Então se preparou, pegou o instrumental e saiu com seu automóvel às 17h30, dirigindo-se à *freeway*. Já estava quase alcançando os limites da cidade para adentrar-se na estrada livre, onde poderia desenvolver possivelmente de 100 a 120 km/h de velocidade, quando parou no último semáforo.

Estava algo tenso. Havia uma neblina que a trovoada deixara, e a visibilidade não era das melhores.

Repentinamente, acercou-se dele um homem com expressão congestionada. Apontou-lhe um revólver e fez a intimação:

— *É um assalto! Necessito do seu carro.*

Ele argumentou:

— *Sou médico! Você deve ter visto aí, no vidro dianteiro, a minha insígnia. Estou viajando de emergência para salvar uma vida.*

Aquele homem, de semblante carrancudo, marcado pela cólera, com um chapéu que lhe deixava sombra sobre o rosto, respondeu-lhe numa voz rouquenha, com inflexão contrariada:

— *Não tenho tempo! Eu o matarei sem qualquer piedade. Quero seu carro!*

— *Mas, meu amigo, estou indo salvar uma vida...*

O homem deu-lhe uma coronhada e asseverou-lhe novamente que o mataria.

— *Mas...*

Recebeu um soco na face.

O meliante abriu a porta, colocou-lhe o revólver na direção do coração, e mandou-lhe que o não olhasse, para não fazer mais tarde um retrato falado. Puxando-o violentamente, jogou-o no asfalto e saiu em disparada.

O cirurgião ficou atordoado. Ao recobrar a lucidez, lembrava-se muito vagamente do semblante daquele verdadeiro *animal.* Mas um detalhe ficara-lhe impresso na consciência: o casaco de couro. Era o tipo dos usados no Meio-Oeste.

Ao reaver a serenidade, olhou o relógio: eram dezoito horas. Saiu quase a correr até o próximo telefone público e ligou para sua residência. Solicitaria auxílio à esposa...

Porém, ela não estava em casa. A empregada informou-lhe que, depois que saíra, ela fora também atender a um compromisso de urgência. Ele ficou confuso. Telefonou para o centro geral de informações e conseguiu o número de um telefone que lhe facultava um táxi.

Quando o veículo chegou, eram 18h30. Lembrou-se de que poderia alcançar o trem que passaria na cidade a que se destinava, aproximadamente às 21h30, pois, quando se dirigia a São Francisco, que estava após o seu destino atual, periodicamente o pegava.

O táxi correu e deixou-o na estação, conseguindo alcançar o comboio, viajando naquela ansiedade compreensível. Quando chegou ao destino, eram quase vinte e duas horas. Houve dificuldade no trânsito por causa da tempestade. As linhas férreas ficaram congestionadas em razão da queda de várias barreiras e foi necessário desobstruí-las.

Pegou imediatamente um táxi e correu ao hospital, pedindo para que o veículo se adentrasse por uma das portas inferiores, que o deixaria diretamente no elevador do centro cirúrgico. Não conferiu quanto dera o taxímetro. Deixou vinte dólares.

Subiu correndo a retirar imediatamente o paletó, a camisa, indo prontamente para a sala de assepsia. Esperava encontrar a equipe preparada, mas quando se dirigiu ao recanto para lavar-se, o diretor do hospital notificou-lhe:

— *Infelizmente você chegou tarde demais. A criança, que é lá da sua cidade, morreu há apenas dez minutos. Que pena que você não quis vir quando o chamamos!*

Ele não disse nada. Tragou em seco. Uma revolta dominou-lhe, agora, a mente lúcida, e ele estabeleceu:

— *Um dia encontrarei aquele homem, que é o assassino dessa criança. O bandido que me tomou o carro é quem a matou.*

Agora, já não tendo o que fazer e movido por uma certa curiosidade para ver a criança, dispôs-se a ir ao necrotério, para onde ela estava sendo removida. Lá, colocou as radiografias no visor e resolveu operá-la assim mesmo, para ver se efetivamente a poderia ter salvado. Era uma cirurgia relativamente simples. Fê-la em menos de vinte minutos, retirando o coágulo assassino.

— *Não a salvei por causa daquele bandido* – afirmava-se intimamente, com revolta e frustração.

Circunspecto, passou a cogitar:

— *Por que existe tanta agressividade no mundo? Por que a precipitação do ódio? Por que o homem deve ser o lobo do homem, neste período da cultura, da civilização? Por quê?*

Dominado pela causticante revolta, segurou o paletó para voltar à sua cidade. Ainda teria tempo para alcançar o paciente que chegaria à zero hora.

O diretor do hospital, registrando-lhe o semblante de consternação, sugeriu:

— *Já que você não pôde salvar a vida, pedimos-lhe que fale aos pais da criança, que estão na sala de espera chorando, no aguardo de uma notícia do filho. Ela está ansiosa, e não tivemos coragem de dizer-lhe algo. Como você é médico famoso na cidade, ela, sabendo da providência que tomamos, naturalmente ficará aliviada. Não há nada que diminua o impacto da morte, mas saber que tudo se fez para interditá-la já é algo de extraordinário. Venha!*

Ele <u>aquiesceu</u>. Saíram do centro cirúrgico e dirigiram-se ao corredor. Abrindo a porta da sala de espera, uma mulher de meia-idade, com uma expressão de agonia característica do desespero, os olhos nublados de lágrimas, ergueu-se. Desejou falar, mas a garganta estava túrgida. Apenas conseguiu perguntar, com angustiosa expectativa:

— *Então, doutor?*

E ele, em poucas palavras, demonstrando a consternação e o desconforto que o dominavam, sentenciou:

— *Perdemos o caso. Infelizmente não cheguei a tempo.*

— *Mas, doutor!* – lamuriou a mãe, em sua intraduzível angústia.

— *Não foi culpa nossa, senhora! Perdemos o caso por causa de um miserável que me assaltou quando me dirigia para cá. A senhora é da nossa cidade e deve conhecer o local da saída, na estrada que vem para cá.*

— *Mas é lógico que conheço!*

— *Pois bem! Na hora em que parei naquele semáforo, um homem de casaco de pele do Meio-Oeste apontou-me um revólver. Dei-lhe o carro e não mais o vi. Fiz de tudo para chegar a tempo, porém não consegui. Mas eu encontrarei esse homem!* – acentuou o médico para confortá-la, baixando a cabeça, pesaroso.

Nesse momento, aproximaram-se algumas pessoas. Uma mão forte, grosseira, bateu no ombro da senhora, que se virou e disse ao médico:

— *Este é meu marido, doutor.*

Quando ele levantou a cabeça, era o bandido que o abordara, o homem de casaco de pele do Meio-Oeste. Havia assaltado o médico para chegar rapidamente ao hospital. Quando soube que o filho estava à beira da morte, saiu desesperado. Ele assaltou o primeiro que passou, a fim de chegar em tempo de ver o filho vivo. Não o conseguiu, pois ele estava na sala cirúrgica, e assaltou o médico que o salvaria. Por causa dele, graças a sua precipitação, a criança morreu.

Na vida de todos nós, a calma é um fator essencial do equilíbrio para a vida. A nossa precipitação em julgar, no pensar, no agir, responde por muitos males.

Não foi por outra razão que o excelente Filho de Deus recomendou-nos:

Bastem-nos as preocupações de cada dia. A cada hora, a sua própria preocupação, porque o Pai, que está nos céus, que vestiu as flores do campo com a beleza do matizado e as aves com um colorido ímpar, que nem Salomão logrou tanta beleza nas suas vestes, que pode bordar a relva verdejante da imácula claridade dos lírios, que se preocupa com essas aves canoras para que não venham a perecer de fome, o Pai também convosco se preocupa. Ele não dará ao filho que pede pão, uma pedra, nem a quem pede peixe, uma serpente. Por que vos afadigais tanto com o dia de amanhã?

Não obstante essa lição extraordinária, um discípulo Seu, por precipitação, vendeu-O aos adversários. Iludido, Judas, o único discípulo que era judeu no meio de onze galileus simples, o que era, talvez, o mais versado, o mais culto, vendeu o Amigo, possivelmente esperando que Ele reagisse e antecipasse a revolução a que se reportavam os seus memoráveis discursos diante das multidões emocionadas.

Quando o filho de Kerioth[6] viu que Ele se entregou, à semelhança de uma ovelha que bale e marcha na direção do matadouro, caindo em si – diz Emmanuel –, deu-se conta e correu imediatamente para aqueles que o haviam seduzido com as trinta moedas de prata que lhe queimavam as mãos, dizendo-lhes, pressuroso:

— *Enganei-me, porque acabei de vender sangue inocente!*

Os <u>famanazes</u> precipitados do crime contestaram:

— *Isso lá é contigo! Não temos nada com isso. Se vendeste sangue inocente, é problema teu, não queremos saber, porque nós te pagamos pela vida que nos entregaste.*

E o aturdido discípulo atirou as moedas que lhe ardiam nas mãos diante dos chamados príncipes dos sacerdotes. Saiu desesperado e, precipitado, tomou de uma corda, para diante de uma figueira-brava pensar que faria justiça com as próprias mãos, arrojando-se, pelo suicídio, no fundo abissal da própria loucura.

Por precipitação e medo, outro amigo O negou:

— *Simão, tu me amas?*

— *Eu te amo, Senhor. E Tu o sabes.*

— Então, Simão, se me amas, apascenta as minhas ovelhas.

E o Mestre tornou a perguntar:

— *Simão, tu me amas?*

— *Oh, Mestre! Quanto Te amo!*

— *Simão, apascenta as minhas ovelhas.*

E pela terceira vez:

---

6. Kerioth – Judas era oleiro e nasceu em Kerioth, um povoado situado a cerca de 35 quilômetros ao sul de Jerusalém.

— *Simão, tu me amas?*

— *Oh! Já te disse que O amo!*

— *Então, Simão, apascenta as minhas ovelhas.*

E quando Ele disse:

— *É necessário que o filho do homem desça a Jerusalém...*

— *Nós não deixaremos, Senhor!* – objetou, pressuroso, Simão Barjonas, o pescador das águas transparentes do lago de Tiberíades, distendendo o braço protetor. — *Não o deixaremos ir a Jerusalém para ser escarnecido, nem ridicularizado.*

Ele, tomado de sabedoria, advertiu:

— *Deixa-me! Não me perturbes, porque não evitarás aquilo que vai acontecer. É necessário que eu desça a Jerusalém, porquanto, quando for erguido, atrairei todos a mim.*

Descendo a Jerusalém, voltou-se para Simão, que dizia amá-lO:

— *Negar-me-ás três vezes, antes que pela terceira vez o galo cante, Simão.*

Precipitadamente, Simão quando viu aquela <u>farândola</u> de hipócritas carregando <u>varapaus</u>, aquela legião-simulacro comandada por um atormentado acercar-se do Mestre, desembainhou a espada apressadamente, e, cortando a orelha de Malcus, ouviu a reprimenda:

— *Simão, embainha a tua espada! Todo aquele que com ferro fere, com ferro será ferido.*

A precipitação é adversária da paz. Efetivamente, Simão negou-O três vezes antes que pela terceira vez o galo cantasse...

Precipitadamente, levaram-nO a um julgamento arbitrário, um arremedo de julgamento. As leis romanas não tinham acesso às brigas político-religiosas de Israel. As intrigas israelitas não interessavam a Pôncio Pilatos. Este

Da verdade nada se oculta

ali estava por uma circunstância fortuita. Tinha necessidade de representar César diante de Herodes Antipas, para poder sanar as dificuldades de política da velha Casa de Herodes, o Grande. Quando viu aquele Homem de olhar sereno, penetrante e bom, descobriu que não tinha qualquer culpa. E, tocado pela Sua serenidade, ele, que tinha o direito de vida e de morte, covarde, tomando de uma bacia de prata com água que veio numa bilha de ouro, lavou as mãos, enxugando-as em tecido fino, de linho da Babilônia.

Prosseguiu, posteriormente, lavando as mãos ensanguentadas, até que mais tarde Tibério César chamou-o de volta a Roma. Ele continuava a lavar as mãos... Partiu para as terras da Suíça, em justa aposentadoria, e porque continuasse a lavar as mãos do sangue inocente, em um dia de horror precipitou-se na cratera de um vulcão extinto, tentando apagar da consciência de culpa o olhar sereno do Cordeiro Imaculado.

Levantados mais tarde os ascendentes daquele julgamento simulado, para ver qual a culpa daquele Crucificado, constatou-se que foi o Crucificado sem Culpa. A Humanidade de todos os tempos...

E até hoje, evocando-se a figura de Jesus, a precipitação levou as criaturas a derramarem o sangue dos seus irmãos que pensassem n'Ele de uma forma diferente dos padrões estatuídos. Foram levantadas as guerras de religião, as vergonhosas Cruzadas e as nossas trágicas guerras de ortodoxia. Dizendo-nos proprietários da Verdade, ainda hoje nos dilaceramos uns aos outros, impedindo cada um de pensar conforme sua capacidade, impondo-lhes o pensar conforme nossa mesquinhez.

É por essas e outras razões que a precipitação está levando-nos ao abismo do desespero, do desconforto e da alucinação. Nunca te precipites! Quem conhece Jesus crê, ama, serve, passa e tem calma.

Deveríamos pensar nisso, na hora em que estamos desequilibrados, para permitirmo-nos uma postura de resignação perante a vida, mas uma atitude de resignação dinâmica.

A resignação não é um estado parasitário, de deixar a coisa correr. Pelo contrário, é um estado dinâmico, é lutar interiormente, sem prejudicar ninguém. A resignação dinâmica é uma atitude perseverante, permanente, contínua, em que não é necessário agredir, mas é indispensável não ceder. Jesus morreu, mas não cedeu. Morreu e não acusou ninguém. Simplesmente não cedeu. *"Venho apresentar o reino de meu Pai"*. E apresentou!

Ele perdeu a vida porque queriam tomar-Lhe a dignidade. Qual foi Sua ação? Nestes moldes: *"A minha dignidade não a dou, e, quando não dou, ninguém a toma. Podem me bater, escarrar-me e matar-me. E só fazem isso porque não me tomam a dignidade"*.

E é mesmo! Quando alguém não consegue subir, competindo, tenta puxar o outro para baixo; quando alguém nos inveja, passa a caluniar-nos, e, não sendo igual nem melhor, acusa-nos.

Qual deve ser a nossa ação, na resignação dinâmica? Deixar para lá, pois que, se formos responder, ficamos igual ao adversário.

Ele nos acusa porque está abaixo. Se formos brigar, ficamos iguais, descemos também. Aí é que estará o nosso erro. Nossa precipitação em defendermo-nos torna-nos iguais ou piores ao <u>litigante</u>. Se alguém se mostra hostil para conosco, é porque é pior do que nós, pois os bons não se transformam em adversários.

Adotemos esta filosofia de vida: "Só quem está ruim é que faz o mal, e o mal dos maus não me faz mal". Se o outro está mal, é porque está doente, e se assim o está, não vou persegui-lo, mas tratá-lo. E já que não sou o seu médico, vou ter paciência, pois ele está doente! Nossa atitude lógica perante a vida é não ceder ao mal, não ficando igual aos maus.

Se a Doutrina Espírita te luariza o céu da alma, confia e espera. O que não consigas hoje, persevera, amanhã chegará. O que não consigas agora na próxima reencarnação fá-lo-ás. Prossegue, persevera em paz, em calma, em confiança. Persevera sempre.

Quem encontrou Jesus nunca mais é o mesmo. Quem O viu passar, apenas viu; mas quem O encontrou nunca mais é o mesmo, porque Ele atrai, arrebata, conduz. Por isso é que devemos lembrar-nos das Boas-novas que Jesus nos deu e que o Espiritismo descerra para nossas almas, prosseguindo na batalha da transformação moral.

Dor e prova, dificuldade e traição, abandono e desencorajamento são acidentes de trânsito e só acontecem com quem está avançando. Se alguém disser: *"Nada disso me aconteceu"*, lamentamos, porque não saiu do lugar.

Se alguém afirmar: *"Jamais caí!"*, é porque sequer levantou-se. Somente cai quem está de pé, assim como somente tropeça quem está andando.

Que nós, encorajados pelo espírito do Cristo, avancemos sem precipitação, mas com a certeza de que Ele nos está legando os tesouros do Pai, para que um dia, na plenitude do Mundo espiritual, possamos dizer-lhe da nossa gratidão, da nossa emotividade, da nossa vitória sobre nós mesmos.

Certa feita, o Espírito Adolfo Bezerra de Menezes concedeu-nos a seguinte mensagem:

Não posterguemos *a hora da nossa renovação espiritual. Não adiemos o nosso momento de triunfo sobre nós mesmos. Não procuremos fugir da realidade, que devemos enfrentar; não amanhã, mas agora.*

Estamos convidados para o banquete da Boa-nova. Dentro de nós está o Cristo triunfante, Jesus, chamando-nos para a transformação da nossa realidade em uma dimensão adimensional do amor.

Se vos disserem: revidai a todo mal que vos façam, amai aos que vos persigam e vos caluniem. Se vos incitarem ao desequilíbrio e à desesperação, imolai-vos no amor. Se vos conclamarem ao desequilíbrio que se generaliza, e quando ninguém vos distenda a mão, sede vós aquele que ama, aquele que se apaga no silêncio da verdade para que a mentira momentaneamente triunfe, e abre espaço para o Reino dos Céus.

Que vos caracterizeis todos pelo amor, e todos saberão que sois Seus discípulos por muito vos amardes, tendo a certeza, filhos da Terra, de que estais fiéis ao mandato que vos foi concedido. Exoramos *as bênçãos de Deus sobre todos nós, a fim de que o amanhã da Humanidade seja mais feliz.*

8

A CRUZ DE CADA UM

A beleza de um conto alegórico que destaca a quase total desatenção humana da sua natureza de espírito imortal que é, e o fatal retorno ao Mundo espiritual com as aquisições realizadas na trajetória terrena, o indefectível encontro com a própria consciência, portadora do patrimônio moral amealhado. Afeita aos procedimentos instintivos, ao atavismo das paixões perturbadoras, e mergulhada na complexidade da vida moderna, largo contingente ainda não consegue perceber, com a devida clareza, que as ações humanas originam um efeito inalienável, intransferível, resultando na colheita da semeadura empreendida.

Urge fazermos uma reflexão sobre o futuro e termos como meta o conhecimento possível do que nos aguarda para além da vida física; conquistarmos o discernimento de vislumbrar o sentido da existência para atingirmos objetivos superiores, adquirindo os méritos decorrentes, promotores de distinção, grandeza e enobrecimento, justas aspirações que deveremos alcançar.

Conta uma velha história que as almas, quando aportam ao Plano espiritual, devem subir uma expressiva montanha, a fim de se adentrarem no Reino dos Céus. Ao chegarem, cada uma identifica-se com a soma das suas experiências, seus feitos, suas lutas, suas aspirações.

Todas essas realidades apresentam-se em forma de cruzes. Aqueles que têm mérito, que conseguiram realizar uma vida de enobrecimento carregam pequeno crucifixo atado ao pescoço, e, na razão direta do cumprimento dos deveres e das responsabilidades, essas cruzes vão aumentando de volume, de peso e de extensão, tipificando o ganho que vem de realizar ou a necessidade de cada um.

Nesse desfilar de almas montanha acima, uma delas sentia-se sôfrega e desesperada ao peso de uma portentosa cruz, que lhe repousava sobre o ombro. Tropeçava, erguia-se, voltava a cair e, percebendo que outras almas passavam com rapidez, carregando cruzes menores e até insignificantes, aquele ser que estava excruciado pela superlativa aflição teve uma ideia: amputou a parte maior da cruz, e usou a do braço para a parte do piso.

Agora, aliviada no peso, acelerou o passo e facilmente percorreu a distância que a afastava do acume da montanha.

Quando lá chegou, deu-se conta de que havia um espaço aberto entre o lugar em que se encontrava e a porta de entrada do Paraíso. A distância era pequena, mas um salto não seria o suficiente para alcançar a outra margem. E porque lá estivessem os anjos e benfeitores espirituais, a alma vitoriosa perguntou, dirigindo-lhes ansioso olhar:

— *E agora? O que é que faço para chegar até aí, havendo terminado a minha excursão dolorosa?*

O anjo da retidão respondeu:

— *Ponha a sua cruz e atravesse o abismo! A função da cruz é para que se torne uma ponte entre o devedor e a Divindade credora.*

Então, a alma tentou colocar a cruz, mas faltava um pedaço... Por mais que tentasse apoiá-la à borda do abismo, não obteve a facilidade para a travessia. Foi nesse momento que ela, assaltada pelo desespero, perguntou:

— *Mas a minha cruz não alcança! O que é que deverei fazer?*

O anjo tutelar respondeu:

— *Volte! Vá buscar o pedaço que você deixou na estrada.*

A lição, com um toque de humor, retrata a nossa realidade contemporânea. Todos nós temos a cruz que vamos edificando ao longo do tempo em nossa trajetória evolutiva, e carregá-la é o desafio que a vida nos impõe. Cada um de nós está na Terra em uma abençoada aprendizagem evolutiva, para conseguir valores que propiciem a felicidade real, terminal, a felicidade que nos libere da carga da nossa própria ignorância.

Espíritos, que fomos criados simples e ignorantes, isto é, sem evolução, possuímos em nós a perfectibilidade divina, e desenvolvê-la é tarefa nossa. Cada um terá que realizar o seu próprio descobrimento e terá que crescer com as suas próprias aspirações. As lutas são os testes do processo evolutivo e a aprendizagem é o currículo diário, que iremos aprendendo na razão direta do nosso interesse para com a própria existência corporal.

Allan Kardec, em uma admirável página inserida em *O Evangelho segundo o Espiritismo*, analisa o problema enunciando que as nossas aflições têm uma gênese, e essa gênese, se não está na vida atual, está na vida anterior, porque, precedentes de outras experiências carnais, granjeamos mérito ou débito pelo uso que fazemos do nosso comportamento.

Não seja isto de estranhar, porque toda pessoa de mediana capacidade de discernimento sabe como proceder, como agir correta e incorretamente, mas opta, às vezes, pela resolução mais infeliz. Portanto, é natural que granjeie uma soma de responsabilidades maiores. Raros aqueles que intentam uma atividade de enobrecimento em favor de si próprios e a levam adiante com estoicismo, com alegria, com abnegação, perseverantes. Aqueles que preferem a opção do prazer agora hão de chorar a oportunidade perdida mais tarde.

É tão fácil de entender! É como um aluno que, durante a aprendizagem, prefere a recreação. É reprovado, obviamente, e na época das férias é obrigado a estudar, a recompor-se, aprendendo as tarefas às quais negligenciou. Assim também nós, porque optamos equivocadamente pelo prazer do menor esforço, estamos invariavelmente a

Da verdade nada se oculta

braços com os efeitos da nossa insensatez. E quanto pesa a cruz dos nossos vícios...

Allan Kardec, estudando a questão das causas anteriores das nossas aflições, faz-nos um apelo para que intentemos superar os efeitos gerando novas causas, e estas nos hão de propiciar resultados salutares e mais felizes, através de uma conduta decidida em favor da mudança radical para o bem.

Aqueles que entendemos das lições espíritas, que militamos nas <u>hostes</u> do Espiritismo, que travamos conhecimento com a reencarnação, com a imortalidade da alma, teremos que parar para fazer uma avaliação da nossa conduta, da nossa vida e das nossas decisões, estabelecendo melhores normas comportamentais, que nos hão de levar à felicidade e à plenitude. É inadiável esse esforço de melhora íntima, sem aplausos dos circunstantes nem ovação dos observadores.

É uma tarefa íntima e intransferível a da nossa renovação interior. Para tanto, devemos assumir um compromisso para com a vida, e despertarmos realmente para as metas que nos ensejem a elevação e nos facultem a libertação.

Tendo em conta que a Terra ainda hoje é planeta de provas e expiações, aqueles que a habitamos somos endividados, Espíritos atados à retaguarda do progresso, ainda mancomunados com as paixões inferiores.

Enquanto nos não conscientizarmos disso, para as nossas resoluções superiores, estaremos sempre fazendo as mesmas marchas em retrocesso, avançando e retardando, crescendo e retornando, sem adquirirmos o estado de consciência pacificadora para o êxito dos nossos empreendimentos.

Isso vem à baila pela soma volumosa das aflições que desabam sobre todos nós, sem exceção. Aqueles que não se queixam não são pessoas privilegiadas, que estejam destituídas de sofrimentos e de lágrimas, nem também são seres superiores, mais fortes que os demais. São apenas pessoas que se resolveram por levar adiante o empreendimento com coragem, que, diante da opção ou acerta ou não acerta, resolveram acertar o passo com o bem.

Aqueloutros, que preferiram as atitudes mais piegas, o desculpismo e se caracterizaram pelo excesso de queixas e de amarguras, esses naturalmente complicam o quadro. Quem guarda uma atitude otimista, positiva perante a vida, gera fatores estimulantes para sofrer menos. Revitaliza o organismo físico, a vida psicológica e emocional, e dispõe naturalmente de uma melhor sintonia, porque se eleva acima da mentalidade habitual.

Allan Kardec, em uma página admirável, escrita quando *O Livro dos Espíritos* completou dez anos – e está em uma nota de rodapé, em *Obras póstumas* –, teve ocasião de confessar:

Quando as dores se me apresentavam mais rudes e as dificuldades maiores, eu me elevava acima da Humanidade através da oração, e de lá olhava o futuro que me estava reservado, bem como ao Espiritismo.

Ele não esperava que o Espírito de Verdade e os benfeitores da talha de Santo Agostinho ou São Luís e tantas outras Entidades venerandas solucionassem seus problemas, que eram dele. Ele se elevava através da prece. Não pela prece feita de pedidos ou de reclamações, mas uma prece que é comunhão com Deus; uma prece que é ruptura com as marcas negativas da sombra.

Orar é abrir a boca da alma, é abrir-se a Deus. Quando é que temos orado abrindo-nos a Deus, sem Lhe pedir nada, mantendo uma conversa otimista? Quão poucas vezes mantemos uma conversa salutar com nossos amigos, destituída de queixas, de amarguras, de reclamações... Quão poucas vezes mantemos em casa um clima de bem-estar, de fraternidade, de alegrias, sem balbúrdia, sem vulgaridade, na alegria serena que proporcione certa empatia, que nos dê o prazer de estarmos em casa. Quão poucas vezes...

A vida em família diariamente está congestionada pelo atropelo das nossas sensações e reclamações. Alguns fazem tempestade em copo d'água, porque querem uma vida mansa, uma vida sem problemas, esquecidas, as pessoas, de que os problemas somos nós. Aonde quer que vamos, o problema estará ali, porque o levamos conosco. É natural, portanto, que o nosso problema entre em choque com o problema alheio, estabelecendo-se um problema muito maior.

Desse modo, há pessoas que vivem pensando em lugares aprazíveis, pacíficos, ilhas da fantasia aonde vamos e tudo seja tão bonito, sem problemas, sem dificuldades, mas haja quem nos sirva, o que será um problema para quem vai ter que nos aguentar, pois, para que o lugar seja maravilhoso, alguém tem que trabalhar, alguém tem que cuidar dele, alguém tem que zelar, esfalfar-se e resolver as dificuldades, para que elas não cheguem a quem vai fruir. Assim, não existe na Terra ou no Universo esse lugar de bem-aventuranças gratuitas, que não haja sido obtido a esforço pessoal.

A consciência de fé espírita é fazer cada um a sua parte. Toda vez que me dirijo a Joanna de Ângelis e abordo a questão, ela me diz:

Meu filho, a função do esclarecimento é dar responsabilidade! Você vai desencarnar com sua consciência de dever, não com a consciência do dever opinativo dos amigos ou dos adversários, que todos os temos em grande quantidade. Então, desincumba-se da tarefa, consciente de que o que fizer é para você. Se você distender a mão amiga, ela vai ajudar você; se negar a mão amiga, ela prejudicará você.

Façamos nossa parte com consciência e alegria de servir.

9

MOHAMMED, O JUSTO

Uma lenda oriental, narrada por Divaldo Franco quando de sua estada na cidade de Soledade, Rio Grande do Sul, município rico em pedras preciosas, em 22 de abril de 2010, ocasião em que foi declarado Hóspede Oficial, uma homenagem concedida pelo prefeito daquele município gaúcho.

Lá, deixou-nos ele novos e belíssimos ensinamentos, como o de que, quando o amor se alia à justiça, o bem vence os percalços da vida, socorrendo as misérias humanas.

Eventualmente, alguns capítulos desta coleção foram publicados em outras obras, mas novamente surgem aqui com uma nova formulação de ensinamentos, o que os tornam atrativos e sempre oportunos, porquanto Divaldo nunca repete os mesmos conceitos e aproveita sempre para retirar do psiquismo ambiente, formado pelos frequentadores da palestra, o conteúdo apropriado às necessidades dos que ali se fazem presentes, embora se utilize dos recursos de contos muitas vezes já conhecidos, mas sempre agradáveis, que reformula para disseminar novos ensinamentos sob ângulos diversificados.

Em determinado país oriental da antiga Arábia vivia um governante que era devotado ao bem. Era nobre, bom e justo. Por essa razão, esse homem sábio passou à posteridade com a alcunha de Mohammed, o Justo, porque ser sábio e justo constitui característica dos seres felizes e dos verdadeiros missionários de Deus.

Ele celebrizou-se exatamente por seus valores morais, por sua equanimidade e senso de justiça. Mohammed era muçulmano e havia bebido no seu livro sagrado as lições profundas da solidariedade humana. Através do *Corão* ele havia encontrado a diretriz da plenitude, que procurava esparzir de uma maneira muito nobre.

Todos os casos que lhe endereçavam eram sempre examinados à luz da revelação do Profeta. Alá, para ele, não era somente o Pai; era também o Noivo, era a Noiva, era o Benfeitor... Por isso mesmo vivia no <u>fastígio</u> da paz de consciência, desfrutando de muito respeito, mesmo entre os denominados adversários políticos.

Não há alegria maior do que o estado de paz de consciência. Podemos ter tudo, mas se não agirmos com retidão, algo dentro de nós nos incomoda e muitas vezes

Da verdade nada se oculta

não sabemos o quê. É o conflito do inconsciente, graças à culpa da nossa leviandade.

Mohammed tinha o hábito saudável de, ao amanhecer e ao entardecer, realizar uma pequena caminhada de meditação pelo grandioso palácio, nos faustuosos jardins da sua residência <u>nababesca</u>, e pelos imensos parques, onde estavam plantadas as mais respeitáveis e <u>frondosas</u> árvores do Oriente.

Numa daquelas jornadas, ao cair da tarde, quando o leque de plumas douradas do Sol fechava-se e deixava as nuvens rubras de emoção, Mohammed caminhava em seu pomar, meditando acerca do Reino de Deus, quando subitamente foi sacudido por uma gritaria que vinha do bosque, em local próximo, onde as árvores copadas produziam com exuberância. Teve a atenção despertada para uma voz lamentosa, que clamava por misericórdia.

Ele acelerou os passos. Foi naquela direção, atraído pelo vozerio, pela movimentação dos servos, o ladrar dos cães. Ao chegar no que seria a fronteira entre a sua propriedade e a estrada pública, acercou-se de um grupo que estava sendo dirigido pelo seu grão-vizir. Deteve-se a contemplá-lo.

Tratava-se de uma autoridade muito austera, com dureza de caráter, um homem que cumpria a lei, mas apenas a Lei, a estatuída pelo Corão, e não pela beleza da mensagem de Maomé. Deparou-se, então, com uma cena profundamente constrangedora: ajoelhada ao solo estava uma mulher modesta, vestida pobremente, quase maltrapilha, a cabeleira desgrenhada, a chorar de uma maneira expressiva e convulsa.

Em torno dela, ao chão, vários frutos diferentes que lhe haviam caído das mãos, o grão-vizir, representando a lei, alguns ministros e vários escravos segurando alguns mastins ferozes, a <u>exprobrarem</u>-lhe o comportamento. Ele ergue uma chibata. Ela pedia misericórdia.

Com o semblante patibular, o grão-vizir acusava-a:

— *És uma criminosa e, na tua condição de criminosa, deves ser punida!*

Mas a chegada do Justo é como uma aragem de bênçãos no meio da tempestade. Então, ele perguntou sobre a razão daquilo.

— *Esta mulher é uma ladra* – argumentou o grão-vizir. — *Atreveu-se a atravessar a fronteira que delimitava entre a propriedade particular e a via pública, para poder furtar os frutos que pertencem ao nobre administrador da província, o que é terminantemente proibido. Aí está, surpreendida enquanto os guardava na própria indumentária, e, não os podendo ocultar, deixou-os cair. Ela infringiu algumas das mais severas leis do Corão: o desrespeito à propriedade e o furto, porque o fez às escondidas. Naturalmente, estamos preparando-nos para puni-la, conforme a exigência legal.*

Mohammed ouviu-lhe a declaração e indagou:

— *Qual é a pena prevista em lei?*

— *Apedrejamento. Ela deve ser lapidada por ter cometido um crime muito grave, porta aberta para crimes ainda maiores. A lei exige que aqueles que roubam tenham as mãos amputadas ou sejam apedrejados.*

Depois que escutou a acusação e as penas que eram previstas, Mohammed voltou-se para a mulher, que chorava o horrendo pranto do desespero, e indagou:

— *Tu conheces a lei?*

A mulher, que gemia pelo olhar, era um símbolo de tribulação e miséria. Em sua humildade, baixou o olhar e, aquietando-se, respondeu suavemente:

Da verdade nada se oculta

— *Sim, senhor.*

— *E por que te atreveste a furtar? Tu não sabes que a lei divina impõe diretrizes de segurança para que o crime não se prolifere como uma epidemia?*

— *Sou mãe, senhor, viúva e só* – respondeu ela, de lábios trêmulos e olhar consumido. — *Tenho um filho de oito anos, que está sendo devorado pelas febres* <u>palustres</u>. *A miséria ronda minha casa, com os passos da desilusão. Meu filho chora e pede-me pão. Mas aonde vou buscar?*

Há três dias que não temos o menor alimento. Magro e sofrido, hoje pela manhã ele me falou, em seu padecer angustioso: "Mamãe, eu vou morrer... vou morrer de fome... tenho necessidade de comer algo... não suporto mais!". A água é escassa e nem sequer lhe posso aplacar a febre, porque dou-lhe para beber.

Não tenho nada para dar-lhe de comer, a fim de que possa adquirir resistência ao organismo. Ouço-lhe constantemente os apelos: "Mamãe, vá mendigar, traga-me pão...".

Hoje, pela <u>alva</u>, *com o coração transpassado de dor, não suportando mais o desespero, saí, deixando meu filho no* <u>catre</u>, *debatendo-se em frio e febre. Saí desesperada a procurar apoio e alimento, e qualquer tônico ou medicamento para a sua doença. Bati de porta em porta a suplicar ajuda, porém não consegui nada, senhor, nem uma* <u>côdea</u> *de pão. Fala-se tanto em justiça, em misericórdia, mas somente se fala. O coração das criaturas está fechado à misericórdia...*

Nesse desespero, senhor, ocorreu-me a ideia de ir à feira do mercado. Dirigi-me para lá e estive diante das barracas, que estavam abarrotadas de alimentos. Mendiguei, mas espantaram-me. Chamaram-me de vadia, ameaçaram bater-me, atiçar os cães, porque, com estes <u>andrajos</u>, *ninguém me pode respeitar.*

Aguardei que passasse aquele período bom das vendas e, que ao entardecer, o resto que não foi vendido fosse então atirado ao lixo, e desse lixo eu tiraria o alimento e a vida para meu filho. Não fui bem-sucedida, senhor. Qual não foi meu desencanto quando nesse dia não o pude disputar ante os cães e os suínos, que se entredevoravam para poder comer os restos.

Voltava para casa de coração estraçalhado, desesperada, sem forças, cabisbaixa e sofrida, quando passei pela beleza palaciana dos vossos jardins, senhor. Parei diante do vosso pomar, onde as árvores sorriam em abundância de perfumes, de flores e de frutos, zombando de minha miséria. Estes restavam maduros no chão, apodrecendo. Os pássaros, a <u>chilrear</u>, picavam e tombavam-nos, para que as formigas os pudessem devorar, lá onde já estavam aqueles que os morcegos, à noite, bateram e deixaram que caíssem, por estarem excessivamente maduros.

O chão estava referto, e o meu coração, vazio, "cheio" de dor. Então, perguntei-me: que custa tirá-los do chão para que se não percam? Não há muro, não há divisão, apenas simbolicamente uma marca...

Mediavam, a distância entre mim e a abundância, dois passos: atrás, a via da minha desolação, a de chegar em casa e ver meu filho morrer à fome, o lado da miséria humana – e começou a soluçar. — Aqui, a um passo... quebrando a fronteira... a abastança, os frutos no solo apodrecendo. Era a minha consciência de saber que se tratava de vossa propriedade.

Não resisti, senhor! Corri o risco. Atrevi-me contra as leis de Alá. O dever de mãe foi maior do que a obediência à lei. Dominada pela necessidade do meu filho e pelo amor, atravessei a fronteira, ajoelhei-me e passei a recolher os frutos que estavam no chão, que iam perder-se e que os vermes iriam comer. Não atirei uma pedra sequer em alguma árvore.

Coloquei-os em meus trapos e, quando já ia sair, fui surpreendida por um escravo que gritou por socorro, e aqui veio o grão-vizir, para fazer justiça, obrigando-me a deitar e derramar os frutos novamente ao chão. Agora serei punida.

— *Então tu sabes* – perguntou o rei – *que serás punida?*

— *Sei... meu senhor* – respondeu a infortunada, com a voz entrecortada pelos soluços. — *Mas... pela felicidade do meu filho, qualquer punição é um paliativo. A minha seria a dor de partir da Terra apedrejada e saber que meu filho irá* empós, *mas estaria livre da miséria e da fome.*

A mulher cobriu o rosto com as mãos e prorrompeu em pranto ainda mais volumoso. Mohammed, o Justo, reflexionou por um pouco, com os olhos voltados na direção do infinito, nublado de lágrimas. Dirigindo-se ao grão--vizir, perguntou novamente:

— *Qual é a punição que realmente a lei prevê?*

— *Apedrejamento, senhor* – reafirmou ele, friamente.

— *A lei é severa* – observou Mohammed, meditativo –, *então, que se cumpra o que prescreve a lei. Apedrejemo-la!*

— *Senhor! Mas não aqui! Teremos que levá-la ao poste do martírio, à entrada do templo, e amarrá-la, para que seja lapidada* – observou o grão-vizir.

Para surpresa geral, Mohammed revidou:

— *Não, não! Ela cometeu o crime aqui, e a justiça deve ser feita no local em que o criminoso delinquiu. Atirem-lhe pedras, para que nunca mais ela volte a furtar!*

— *Majestade* – contestou o grão-vizir, irritado, mas controlando-se por estar diante da autoridade máxima –,

aqui não temos pedras! As pedras sacramentais estão amon-
toadas à entrada da mesquita.

— *Como dizeis que não tendes pedras? O que não nos*
faltam aqui são pedras. Que é isso que tens? Vejo nos anéis dos
vossos dedos, em braceletes, e no vosso turbante há excessos de
pedras. Puni-a! Ela pecou e merece ser punida! – determinou
Mohammed, incisivo.

— *Mas, senhor, são pedras preciosas!*

— *Pedras! A lei não diz qual o tipo de pedra com que*
a podemos lapidar.

E, com a sua energia, disse aos ministros:

— *Fazei o mesmo! Apedrejem-na! É uma ordem. Tam-*
bém eu desejo fazer justiça.

Ele próprio arrancou do turbante uma esmeralda
cintilante, rubis, diamantes, atirando-as no colo da mulher. Olhou então para seus ministros, que, constrangidos,
começaram a despir-se, arrancando as tiaras e lançando-
-as, pois que ninguém poderia desrespeitá-lo em suas de-
terminações.

A mulher ficou aturdida. Em deslumbramento, não
sabia o que fazer. O constrangimento acentuou-se ainda
mais quando o grão-vizir atirou-lhe uma das joias mais
preciosas que tinha, uma pérola ornada de diamantes
rutilantes, tradição de família.

Passado aquele momento de constrangimento,
Mohammed olhou a todos e percebeu que ninguém osten-
tava mais nenhuma joia.

Sem ainda compreender, a mulher olhou para o Justo e perguntou-lhe:

— *Senhor, o que devo fazer?*

— *Aí está a tua punição. A punição devida aos infra-*
tores que estão na miséria. Agora volta ao teu lar. Leva as

pedras da nossa impiedade, da nossa presunção e orgulho, da nossa prepotência, do nosso mentiroso poder. Transforma-as em pão, nutre o teu filho, salva-o e aos teus vizinhos, e não tornes a pecar, porque enquanto houver a miséria chorando nos arredores do palácio, será inútil proclamarmos justiça adornados de gemas que respondem pela miséria do povo. Vai em paz. Que Alá te abençoe.

A mulher levantou-se estupefata. Catou no chão algumas daquelas gemas e partiu apressada em direção ao filhinho doente.

E Mohammed saiu a caminhar, meditando, depois de ter aplicado o amor e o perdão.

Mohammed, o Justo, passou à posteridade porque soube que as pedras preciosas são os canais da riqueza e da dignificação, quando bem direcionadas. Os que amam, os que servem, os que se desincumbem de nobres tarefas e de deveres são os bem-aventurados que transformam as pedras duras do sentimento em pães de solidariedade.

No código sublime da Doutrina Espírita está estatuído: *Fora da caridade não há salvação.* É certo que essa é a caridade menor, porque a caridade maior é a de educar, e, ao lado disso, a de qualidade moral. O sentimento do perdão é a afetividade bem dirigida, bem como a compaixão, a misericórdia, a solidariedade, o benquerer, a nossa alegria de viver, dizendo a Deus o quanto somos felizes pelo dom precioso da vida.

Muitas vezes preconizamos a caridade – que é o amor na sua expressão mais elevada – estabelecendo-lhe as diretrizes, olvidando-nos de vivenciá-la, reunindo valores cujo significado é atribuído, porque em realidade não tem valor nenhum. Que o diga um sedento no deserto, carregando um tesouro e necessitando de água; que o diga o esfaimado que tem necessidade de uma côdea de pão, possuindo um grande tesouro nas mãos, e que não o possa transformar no alimento para sustentar sua vida...

Aprendemos com Allan Kardec que numa sociedade em que alguém morre à fome, deveríamos ter vergonha de nela viver. Estamos num momento em que a fome despedaça milhões de vidas. Segundo estatísticas da FAO – Food and Agriculture Organization (Organização das Nações Unidas para a Alimentação e a Agricultura) –, sediada na Itália, nos próximos dez anos devem morrer à fome oitocentos milhões de indivíduos.

Equivale a dizer que, em cada ano, quase oitenta milhões de pessoas perecerão, ou seja, quase a metade da população brasileira, incluindo também brasileiros, neste mundo tão rico de armas inteligentes e destruidoras; tão rico de poder temporal e tão indiferente às necessidades humanas, muitas vezes adornados de pompa aqueles que dizem servir ao Mestre, que não tinha uma pedra para reclinar a cabeça, embora as aves do céu tivessem ninhos e as feras tivessem seus covis...

Tende compaixão dos filhos do Calvário, como assim denominou Jesus; não somente daqueles que têm as cruzes expostas, mas também dos que carregam as cruzes invisíveis, essas dores indefiníveis que não nos atrevemos muitas vezes a apresentar...

Podemos ter o corpo com os tecidos caros e adornado de gemas preciosas, e a alma dominada por uma grande angústia, por uma tremenda solidão, por uma carência de afetividade inominável, fazendo com que sejamos também filhos do Calvário, mas Jesus tem no seu rebanho todos os biótipos humanos, todos os indivíduos, desde os grandes triunfadores nos bens da Terra àqueles que carecem de um pouco de páo, de uma gota de leite, da misericórdia, da compaixáo.

Teilhard de Chardin, o extraordinário teólogo e antropólogo francês, escreveu com propriedade: "O ser humano conseguiu domar uma parte da natureza; pôde medir a velocidade dos ventos, as convulsóes e estertores do planeta; pôde verificar a estrutura da Terra, mas quando descobrir o amor, terá realizado a segunda maior descoberta do mundo, aquela que vai depois da descoberta do fogo".

É exatamente esse amor que estamos descobrindo, depois da tecnologia de ponta, da Ciência avançada, que nos deram tanto conforto, que prolongaram a existência da vida na Terra, mas que náo equacionaram os problemas que afligem a criatura humana. Jamais a sociedade atingiu um patamar táo elevado de conquistas externas, e de táo baixo em valores ético-morais, porque as conquistas da inteligência são a vertical do conhecimento que se alonga numa horizontal, e a conquista do amor é a horizontal que reúne as criaturas e as eleva na vertical divina.

No dia quando pudermos entender o significado do amor, náo do ponto de vista apenas teológico, mas também do ponto de vista psicoterapêutico, perceberemos que quem ama goza de saúde, quem ama é feliz, quem ama possui aquele único tesouro que, quanto mais se divide, mais se multiplica, nunca diminuindo a sua potencialidade.

O notável poeta alemáo Goethe preconizava que se medem os homens pela sua estatura moral e, como estes, sáo os grandes homens; os homens grandes sáo medidos pela estatura física; podem ser homens muito grandes, mas muito pequenos no sentido moral. A honra do trabalhador é a enxada na mão, trabalhando o solo muitas vezes <u>adusto</u>, para poder colocar as sementes da solidariedade humana.

O amor e o perdão são termos da equação da vida. Uma vida sem amor é uma vida destituída de significado; uma vida sem perdão é uma vida de angústia, visto que nosso desenvolvimento intelecto-moral é muito lento, porquanto aprendemos com os nossos próprios erros. Erramos agora, corrigimos depois. Toda vez que guardamos mágoas ou ressentimentos, perdemos o equilíbrio emocional e nos tornamos pessoas sem sentido.

Felizmente, o Espiritismo chega-nos em um momento muito especial e adverte-nos para a vivência dos seus e dos postulados de Jesus, que são idênticos. Tornemo-nos um raio de sol na noite escura. Onde quer que estejamos, que as pessoas possam ler em nós a carta viva do Evangelho sem que digamos uma palavra; que a nossa presença seja tão suave, doce e agradável que, ao nos acercarmos de alguém, a pessoa possa sentir que somos discípulos do Evangelho restaurado.

10

O JOGRAL DE NOSSA SENHORA

Em continuidade, gostaríamos de proporcionar uma pequena visão do que ocorre numa reunião mediúnica, fértil laboratório de observações, em razão da convivência com os dramas e complexidades do enigma em que se constitui o ser humano, como também o alto poder de transformar concepções, atitudes que levam ao bem proceder e ao enobrecimento.

A comunicabilidade entre as duas dimensões da vida infinita que desfrutamos oferece-nos a possibilidade dessa aquisição, páginas vivas de interação proveitosa para o ajuste e conscientização dos verdadeiros valores a serem empreendidos no assentamento dos projetos de progresso individual, exercício esse intransferível e inadiável que nós devemos consagrar, tornando-nos lúcidos quanto ao dever de agirmos com visão elevada em meio aos atos da vida, objetivando a construção da felicidade futura, em atendimento ao que Jesus prescrevia no "Buscai primeiro o Reino dos Céus", dever primordial de todo o cristão de qualquer segmento religioso.

Em uma de nossas sessões mediúnicas, no ano de 1991, os bons Espíritos avisaram que naquele dia se comunicariam Entidades muito sofredoras, como de hábito. É uma sessão de consolo moral, de atendimento a perturbados.

Desprendemo-nos, espiritualmente, e vimos uma cena que nos tocou em especial. Entre as Entidades presentes, desencarnadas, profundamente sofridas, havia muita reclamação.

Alguns justificavam seus fracassos; outros explicavam que a sua queda havia sido por essa ou aquela razão. Cada um procurava manter a hipnose da consciência, o anestésico da razão, porque sempre nos apraz ser vítimas e raramente assumimos a responsabilidade do nosso próprio erro, para a nossa reabilitação. Foi quando adentrou à sala uma Entidade igualmente desencarnada convidada por Joanna de Ângelis, para dirigir-se àqueles outros companheiros desencarnados.

Detive-me no conteúdo superior que o amigo espiritual falou-lhes, ao dizer-lhes que haviam se preocupado muito com o exterior, e não com a sua própria realidade.

Da verdade nada se oculta

Comer, vestir, gozar, possuir, reter, aparentar, mas não se preocuparam com a realidade transcendente, que é a vida.

Qualquer justificação seria injustificável, porque qualquer pessoa de mediana capacidade de discernimento sabe que a morte é vida, e que a vida na Terra, por mais longa que seja, tem o seu término na desencarnação; o mais é mecanismo de fuga à responsabilidade.

Falava com doçura, aquele companheiro, e explicava que qualquer pessoa do Ocidente não tem como escusar-se de haver agido mal, porque desde o berço ouviu falar em Jesus, fosse qual fosse a denominação religiosa.

A mensagem de Jesus, em todos os credos que se derivaram do Cristianismo primitivo, tem como base o amor a Deus acima de todas as coisas, e ao próximo como a si mesmo. Dentro desse conteúdo, ninguém pode justificar os seus erros, porque amar-se é respeitar-se; amar-se é velar por si; amar-se é trabalhar pela fomentação do seu progresso. Quem o não fez, não fez porque não quis.

Dificuldades são desafios; problemas são bens de promoção; exames são testes de avaliação da aprendizagem. — *O que aconteceu conosco?* – salientava aquele Espírito. — *Também eu sou alguém que chegou da Terra; eu viajei na barca da indumentária carnal. Não venho de um lugar alienígena; transitei pelas sombras do mundo físico e pelas claridades do Sol que nos serve de astro-guia para o nosso planeta. O que vou falar representa a minha experiência mais profunda.*

E começou a contar várias lições consoladoras. Dentre estas, a que se segue.

Anatole France, o admirável beletrista e acadêmico francês, que era de formação cultural céptica – não era religiosa –, escreveu oportunamente uma bela página, a que deu o nome de *O jogral de Nossa Senhora*.

O jogral de Nossa Senhora – contava o Espírito – é a história de um pobre palhaço de circo, <u>acrobata</u>, que vivia pelo interior da França. Andava de um lado para outro, apresentando as <u>momices</u> nas feiras. Depois de haver brilhado no picadeiro de vários espetáculos, ele foi caindo, e à medida que perdia a atração pública, terminou em quase total miséria. Entregou-se ao abandono de si mesmo, e aí veio a crise alcoólica.

Certa noite de inverno rigoroso, não tendo alimento, não tendo agasalho, não tendo a quem recorrer, nem para onde ir, refugiou-se à porta de uma igreja onde o vento frio e a chuva o alcançavam menos. Lá ficou acocorado, tremendo.

Passava por ali um monge piedoso que pertencia a um monastério e vendo aquele homem exposto à intempérie, padecendo da injunção dolorosa da chuva e do frio, dele se apiedou. E perguntou-lhe por que estava assim.

Ele contou que era um jogral, não tinha dinheiro, não havia podido fazer nenhum espetáculo na rua em razão do frio terrível que então chibateava a região; tudo lhe era difícil e estava a morrer.

Tocado por aquela manifesta necessidade, o monge resolveu por levá-lo à ordem religiosa que, afinal, não se dedicava a ações caritativas.

Aquela ordem era dedicada à contemplação e ao culto de Maria de Nazaré. Mas aquele homem ao abandono numa noite invernosa compungiu-lhe a alma. Ele, dando-lhe o melhor apoio, levou-o à casa religiosa e ali, com o prior, conseguiu albergá-lo pelo menos até que diminuísse

Da verdade nada se oculta

a celeridade do inverno. Ficaria ali para colaborar no cuidado do jardim.

O jogral alojou-se numa cela. Recuperou-se, recebeu caldo quente e alimentação reconfortante, e passou a ser um bom auxiliar daquele que o levou para a casa.

Caracterizava a ordem o maior silêncio possível, porque cada frade havia elegido a melhor maneira de homenagear Maria. Este ficava intérminas horas no órgão, enchendo a nave resplandecente da capela com notas harmônicas, engrandecendo a Rainha dos Anjos; aquele dedicava o seu tempo a pintar na seda <u>iluminuras</u>, painéis, estandartes, em que Maria era a personagem central, para poder arrumar o altar da Santíssima; aqueloutro trabalhava a cerâmica e fazia vasos e estatuetas preciosos, sempre com a figura da Mãe Santíssima para ornamentar a igreja, os jardins, e espalhar a santa por toda parte; outro mais, um extraordinário fundidor de metais para glorificar a Mãe de Jesus. Enfim, era uma casa de ação contemplativa, tendo por eixo a Rosa Mística de Nazaré.

E cada um deles foi apontado como um verdadeiro trabalhador, especialista em algo para fazer e agradar a Senhora. O jogral acompanhava toda aquela movimentação profundamente humilhado.

Ele ficou muito triste, porque nada sabia fazer. Desejava dizer da sua gratidão aos frades, que não lhe davam muita oportunidade de conversa; queria dizer a Deus que estava muito feliz, pois havia recobrado a saúde, havia recuperado algo mais importante do que a saúde – a dignidade humana.

Passaram-se os dias e veio a primavera. Ele continuou trabalhando no jardim e frequentava a capela quando silenciavam as vozes exaltando a Senhora. Adentrava-se furtivamente pela sacristia e ali ficava um bom quarto de hora em profundo silêncio. O altar-mor era uma sucessão de degraus em mármore de Carrara e, lá no topo, uma figura grandiosa de Maria, que parecia transcender o que a estatuária era capaz de fazer.

Tratando-se de um vulto em mármore, tinha-se a impressão de que só faltava respirar. O olhar profundo e transparente, a serenidade da face à semelhança do lago de uma montanha, as mãos distendidas em atitude de doação e de socorro comoviam aos sentimentos mais impiedosos.

Tão habitual se fizeram as suas fugas à capela, que um dia o monge que o trouxe, espicaçado pela curiosidade, foi vê-lo. Adentrou-se discretamente e, por detrás de uma coluna, observou-o.

O jogral veio com a aparência humilde, chegou defronte ao altar-mor, curvou-se reverente e começou a dar cambalhotas, o que provocou uma surpresa no monge, que ficou estarrecido. Na parte atapetada, o jogral dava saltos mortais. Jogava-se para trás e dava várias cambalhotas, desrespeitando a Senhora, atrevidamente a saltar, esquecido de que era o santuário da Rainha dos Céus.

O monge, aparvalhado, correu e chamou o prior, para que ambos rechaçassem o atrevimento daquele alienígena e o expulsassem da casa que o havia albergado com sentimentos paternais.

O prior veio correndo e, trêmulo de angústia, adentrou-se. O jogral estava com as mãos no chão, a cabeça para baixo, as pernas abertas para cima e, entre os braços, olhava a escadaria. Quando ia repreendê-lo, ouviu-o, suarento, a dizer: — *É tudo que eu tenho, Senhora. É tudo que eu tenho para vos dar!*

O prior avançou, mas de repente estacou o passo. Viu que a estátua imensa pareceu mover-se. De dentro dela, assumindo a personalidade da Rosa de Nazaré, a figura veneranda de Maria se destacou, viva, humana, transcendental e começou a descer com graça a escadaria imensa, o manto azul salpicado de estrelas, a veste alva que lhe cobria o pé róseo, as mãos distendidas, um suave sorriso marcava-lhe os lábios nacarados.

O prior percebeu que era a própria Senhora. Ela desceu até o último degrau, aproximou-se do jogral, abaixou-se e, tomando do manto, começou a enxugar-lhe o suor e dizer-lhe, suavemente: – *Muito obrigada, meu filho. Eu aceito a tua oferenda, porque tudo que me dão é grandeza, é arte, é beleza, vem de fora, mas tu me dás a ti, tu me ofereces o teu suor, tu me homenageias com teu cansaço. Eu te agradeço.*

E, depois de enxugar-lhe o suor e o pranto, arrematou: – *Não te esqueças! Amanhã novamente, neste mesmo horário, estarei esperando por ti, como tenho feito todos os dias.*

Subiu a escadaria e novamente assumiu a personificação de estátua muda, indiferente, silenciosa.

O prior caiu de joelhos e suplicou perdão por não haver compreendido que ela, a mãe do Criador da Vida na Terra, recebia com muito agrado a doação grotesca daquele jogral que estava acostumado a atender as multidões na praça, porque era tudo o que ele possuía para dar.

E Anatole France deixa nesta mensagem de *O jogral de Nossa Senhora* a lição preciosa de que todos nós temos algo para dar quando queremos oferecer.

Não há ninguém tão miserável, ninguém tão destituído de valor que não disponha de algo para oferecer; não há alguém tão despido, tão infeliz que se não possa dar a si mesmo em um gesto de simpatia, em uma palavra cordial, em um sorriso gentil, em uma expressão de ternura, em um aceno de bondade, na medicação a enxugar uma lágrima ou suor, a doar uma flor humilde do campo, ou a deter-se homenageando um dia que resplende maravilha, quando começa pela madrugada.

Ao terminar de dizer isso às Entidades aturdidas que ali estavam, eu vi que vários daqueles Espíritos choravam, profundamente arrependidos pelo tempo que jogaram fora. Alguns desejaram ser missionários na Terra, outros lutaram pelas grandes conquistas, alguns mais se esfalfaram pelas coisas grandiosas, mas se mede a grandeza de um homem pela sua capacidade de realizar as coisas pequeninas.

É tradicional um pensamento grego na Filosofia: *A grande marcha começa no primeiro passo, e o discurso mais brilhante, na primeira palavra.* Os gestos estoicos e heroicos são resultado dos pequenos gestos de gentileza, as pequenas dádivas, as dádivas insignificantes, aquelas que aparentemente não têm nenhum valor, mas que são tão importantes na vida.

A água que sorvemos da fonte cantante, não lhe perguntamos o preço. Quando nos falta, a vida física se nos torna impossível.

Portanto, cada um de nós tem algo, até peculiar, para oferecer. Recordemos daquele dia do gazofilácio. Qual de nós, cristãos, esquece daquele dia em que o templo, em Jerusalém, abria as suas portas para que todos os fiéis fizessem a sua oferta?

Da verdade nada se oculta

Humberto de Campos, Espírito, através de Chico Xavier, narra que Jesus adentrou-se também para ver e ficou um pouco à margem com os discípulos. Judas, que era muito inquieto, foi olhar, e de repente voltou correndo ao grupo e disse:

— *Senhor, Eliaquim, aquele miserável que todos sabemos que é um indivíduo cruel e sovina até no alimento, levou uma bandeja de prata e ofereceu-a ao Santíssimo!* – e voltou Judas novamente para observar.

E retornou, indignado:

— *Imagine! A embaixadora da mulher de Proclo trouxe um colar de pedras preciosas e colocou ali, como se Deus pudesse valorizar a mulher...*

Dali a pouco ele volta outra vez:

— *Fulano de Tal, que é tão conhecido pela maneira como trata os seus empregados, acaba de levar castiçais de ouro com pedras engastadas...* – e Judas não parava de ser um correio verbal.

Jesus, calado, ouvia. Os discípulos ficavam deslumbrados com o poder das doações, a arca imensa... O gazofilácio enchia-se.

O dia foi morrendo e, ao entardecer, quando não tinha quase ninguém, vagarosamente se adentra uma mulher viúva. Arrasta a sandália gasta, oculta o rosto no manto, aproxima-se. Judas logo pensa que ela vai furtar alguma coisa; aquele traje, o abandono das vestes, o cabelo malcuidado, apesar de coberto. Ela põe a mão no tecido buscando um bolso, pega uma moeda miserável e a joga no gazofilácio.

A moeda vai tinindo, ao bater numa parte de ouro e em outro metal precioso, e Judas dá uma gargalhada:

— *Que atrevida! Como tem coragem de colocar uma moeda tão insignificante no meio dos tesouros?* – e voltou-se para Jesus. — *Que falta de senso! Se ela não tinha o que dar, não desse! Mas não venha desacatar a Divindade trazendo essa moeda miserável.*

Jesus sorriu e obtemperou:

— *Judas, de todos aqueles que deram, esta mulher fez a maior oferta, porque todos aqueles que doaram ofereceram o que lhes sobrava, não lhes fará falta, mas ela está dando o pão e o peixe do dia de amanhã. Amanhã, ela passará com* <u>austeridade</u> *fome, mas ela fez a sua oferenda a Deus; é tudo que ela tem. Não podemos menosprezar, porque cada um dá o que pode, e o Pai valoriza de acordo com as circunstâncias.*

Judas ficou algo descompensado, mas a sua inquietação era visível.

Estava na hora de fechar o templo. Jesus saiu, e, quando chegava à porta de saída, entrava uma mulher com a aparência babilônia ou samaritana, trazendo nas mãos um jarro com água e panos, cantarolando baixinho. Aproximou-se do altar imenso, vedado ao profano. Somente os sacerdotes podiam passar aquela cortina. Molhou na bilha d'água o tecido e começou a limpar o chão.

Jesus chamou os discípulos e mostrou-lhes aquela mulher. Todos ficaram sem entender. Era uma escrava, uma pessoa sem sentido nem valor. Então Jesus comentou:

— *Desejo dizer-lhes que esta mulher está fazendo a maior oferenda. Ela não tem nada para dar, é escrava; está dando o seu suor, limpando o solo que os pés e os calçados mancharam, para que a casa de meu Pai esteja sempre brilhante. Respeitemos nessa mulher, a maior doação deste dia.*

E o Espírito Humberto de Campos entretece algumas considerações. A questão do dar, a questão do contribuir, é muito difícil de ser avaliada por nós, porque sempre nos impressionam as coisas de valor, a ostentação, o poder, mas o gesto de ternura, de amizade, o sorriso gentil, a mão piedosa, a doce carícia, o esforço pessoal, a dádiva interior perante Deus é o que mais vale.

Então, vamos ver o que diz Kardec: *O que vale é a intenção.*

É nesse sentido que devemos cultivar intenções salutares. Devemos compreender o objetivo essencial da nossa vida, especialmente nesta grande noite de provações.

Reflexionemos sobre o sentido da vida e espalhemos a bondade, pensemos generosamente. Nós, que estamos passeando no carro carnal, sejamos mais <u>compassivos</u>, coloquemos a beleza que todos temos no mundo interior.

Na atual conjuntura, entendamos esse desígnio divino para este século, para nossa geração, na abertura de uma era nova, que o mundo de amanhã, o mundo de regeneração, o mundo de amor no qual viveremos – porque voltaremos à luta na Terra para progredir –, onde estaremos ditosos, colhendo os abençoados frutos das sementes de luz que estamos colocando na Terra generosa, que, através da umidade e do calor, faz que germinem todas as sementes que ela agasalha.

A Doutrina Espírita, afirmando-nos a sobrevivência da alma, confirmando-nos a imortalidade, ensina-nos a viver bem, em profundidade, em totalidade cada momento da nossa vida. A ansiedade leva à neurose, a psicopatologias, ao estado de desequilíbrio, de frustração, porque quando terminamos, verificamos que não adiantou nada, como uma pessoa que se alimenta com sofreguidão: come tão rapidamente que aumenta o volume do estômago, mas não aprecia o sabor.

Os bons Espíritos ensinam que nós não vencemos o tempo. O tempo é um eterno agora; em qualquer situação, é agora. O agora que passou, o agora que virá e o agora que estamos vivendo.

Então, é agora... Vamos nos especializar no silêncio interior, ouvir as estrelas, viver bem no sentido de bem viver a vida, deitar-se com prazer, despertar com prazer, banhar-se com prazer, com calma, não para se perfumar, mas para higienizar-se e meditar enquanto se banha.

Medite sempre, tome-se de motivos positivos da vida e reflexione. Tendo o hábito de pegar ônibus, medite no ônibus; numa fila qualquer, medite; alguém lhe contrariou? Medite nisso e diga: *Será que, pela contrariedade que ele me propôs, vale eu perder o meu dia, quando tem tanta coisa boa?*

A técnica é negociar o bem com o mal: qual é o que pesa mais? Há uma pessoa que não gosta de mim, mas em contrapartida há dez que gostam. Vou ficar de mau humor por causa de um, diante de dez que são generosos comigo? É a busca da nossa frustração, porque não sabemos eleger as coisas mínimas da vida, e como é feita a vida de pequenas coisas que se harmonizam, de pequenas peças que se intercambiam, formam a harmonia do conjunto.

Quando tivermos que realizar uma jornada, façamo-la em calma. Sempre me chamou a atenção Chico Xavier. Ele nunca tinha pressa. Caminhava bem devagar enquanto as pessoas estão ansiosas que ele chegue logo. Ele ia *remando*, e rindo, devagar. Quem tivesse pressa fosse adiante! Ele não marcava hora com ninguém. As pessoas é que marcavam encontro com ele, mas ele não marcava encontro com ninguém. É a história do jabuti e do coelho numa corrida. O coelho saiu em disparada, e o jabuti foi

Da verdade nada se oculta

devagar e... ganhou a corrida. O coelho cansou, foi descansar e dormiu. O jabuti passou e, quando o coelho acordou, havia perdido a corrida.

Preocupemos em salvar-nos e despreocupemos de salvar a Humanidade. Diz-nos Joanna de Ângelis: _Quando alguém se levanta, a sociedade se levanta com este alguém._ Quando alguém se ergue, é a sociedade nele representada.

A nossa proposta é exatamente esta: a busca do _si_, das coisas pequeninas, das realizações que ninguém vê dentro de nós, da paz que deveremos derramar de nós em forma de serenidade e de harmonia.

11

EDUCAR-SE É CRIAR HÁBITOS SAUDÁVEIS

Em dois belos contos, Divaldo Franco, ao mesmo tempo que faz uma breve apreciação histórica sobre a educação, propõe-nos a atenção não somente para com a educação material, mas principalmente para com a de natureza moral.

Esta, no entender de Allan Kardec, é a solução para a Humanidade, aquela que direciona o ser eterno que somos para o alcance da plenitude.

Professor e emérito educador, Divaldo lega-nos conceitos mais atualizados de educação, baseados na integralidade do ser, utilizando-se da ciência espírita, que muito tem a contribuir na mudança dos padrões do comportamento social, na erradicação dos quadros da violência e do materialismo, em uma Humanidade que anseia por dias melhores.

O notável orador e filósofo Plutarco deslumbrou a cultura greco-romana por volta de 46 d.C. a 119 d.C. A sua verve podia ser considerada como pródromo da futura Pedagogia.

A mente privilegiada no dealbar dos fenômenos filosóficos modernos também dele faz o pioneiro da psique humana, procurando entender essa complexidade que é a própria criatura.

Atenas, já em decadência, graças ao Império Romano, naquela oportunidade tentava reviver as glórias do século V, de Péricles, e havia elaborado um programa educacional para preparar o futuro, apesar da queda fatal nas garras das legiões romanas.

Como recurso hábil, reservou-se à proposta da Pedagogia dentro de bases do pensamento filosófico, porque seria mais fácil passar de indivíduo a indivíduo, desde a Ágora, a praça do mercado, até os santuários do alto da Acrópole, um pensamento que renovasse a dignidade ateniense, para desta forma manter a velha tradição socrático-platônica-aristotélica, que um dia, no passado, desenharia para todo o Ocidente um pensamento ético e filosófico que ainda debatemos.

Para que isso fosse realizado, foram eleitos os melhores oradores, entre outros, Plutarco, que foi convidado para proferir uma conferência sobre educação e deveria fazê-la no Areópago, o santuário-auditório onde se apresentavam as pessoas mais proeminentes, não somente da Hélade[7] como também do mundo, que passavam pela capital da Grécia.

Desejava-se que a educação exercesse um papel fundamental na vida, criando cidadãos.

Era natural que, na imensa e gloriosa catedral da justiça e da cultura, a imensa Acrópole servisse de palco para esse orador inflamado, de alma sensível e de pensamento profundo.

Depois de proceder a uma reflexão, o mestre da oratória, quando soube do tema que deveria desenvolver, teve o cuidado de pedir um prazo para prepará-lo. Para surpresa dos indicadores, ele solicitou à comissão seis meses, a fim de enunciar uma conferência que pudesse penetrar a alma grega e ficar para o futuro.

Essa solicitação criou inevitavelmente uma grande surpresa e os atenienses ficaram decepcionados. Afinal de contas, o expoente máximo da oratória, para elaborar uma tese sobre educação, teria necessidade de um período tão largo para reflexões, para atualizações do pensamento?

Não havendo alternativa, os anfitriões anuíram em conceder-lhe o período solicitado.

Sempre a educação tem sido incompreendida e as observações são superficiais. As autoridades governamentais jamais lhe concederam a devida honra. Já no século V, Péricles, que deu seu nome à época, os Estados clássicos gregos solicitaram que a administração de Atenas reunisse

---

7. Hélade – Região habitada pelos helenos, que ficou conhecida como Grécia.

homens e mulheres mais notáveis num grande banquete, por ele, Péricles, presidido.

À hora da festividade, foram apresentados os estatuários, os trágicos, os representantes do teatro, da construção, os guerreiros, aqueles que se encarregavam de dar beleza ao pensamento ateniense, e, depois de serem apresentadas as melhores personalidades da época, Péricles perguntou: — *E os pedagogos? Onde estão os professores?* – haviam sido esquecidos...

Ele teve a coragem de dizer: — *Sois aquilo que viveis, graças à figura incomparável do mestre, às vezes anônimo, que vos guiou pelo* dédalo *do conhecimento, arrancando-vos da ignorância. Prestemos a primeira homenagem aos professores.*

Até hoje observamos essa luta, hedionda, infeliz, atavismo estoico do desprezo que os educadores vêm recebendo, não só no Brasil, mas praticamente em todo o mundo.

Na data aprazada, o Areópago, que era a mais alta Corte de Justiça, onde se decidia o destino do país, estava repleto das autoridades máximas, não somente no pensamento ateniense, como da distante Siracusa, do longínquo Corinto e de outras cidades que acorreram precípites, para ouvir o grande mestre.

O Areópago tinha um salão especial para as grandes conferências, no qual, bem mais tarde, falaria o apóstolo Paulo e seria apupado. Havia entre os circunstantes e a arena uma ligeira muralha, que separava, no teatro, as representações das massas que acorriam para as escadarias, que serviam de lugar de assentamentos.

Da verdade nada se oculta

No momento da entrada do mestre, surpreendeu aos circunstantes os ajudantes que trazia, fazendo-se acompanhar de dois servos, cada um deles trazendo animais que não pareciam ter lugar naquele momento.

De um lado, um servo com dois cães de aspecto feroz, que tinham a boca amordaçada por um instrumento de couro para que não pudessem investir contra as pessoas; do outro lado, um servidor com duas gaiolas. Dentro de cada gaiola, uma lebre.

Convidado a assomar à tribuna, antes de emitir qualquer conceito, Plutarco deu sinal a um dos servos para que libertasse uma das lebres. O pequenino animal passou a correr em círculo dentro daquele local que lhe impedia sair, enquanto Plutarco pedia ao outro servidor que liberasse um dos cães, tirando-lhe antes a <u>focinheira</u>.

Ante a expectação geral e constrangedora, o animal feroz avançou contra o pequenino indefeso e o destruiu a patadas e a dentadas vigorosas, estraçalhando-o ante a multidão comovida, o que desencadeou um terrível mal-estar.

Dado um sinal, o animal feroz foi detido, e servidores do Areópago vieram limpar a cena, dolorosa e chocante. Mas Plutarco continuava tranquilo, seu olhar sereno.

Quando as pessoas já estavam recompondo-se, ele pediu ao outro servo que libertasse a segunda lebre e, novamente, que liberasse o outro cão.

Já dominadas pelo episódio grotesco de antes, as pessoas aguardavam que se repetisse a mesma cena deprimente.

Retirada a defesa, o cão correu atrás da lebre e, para o espanto geral, os dois animais começaram a brincar. A lebre deu-lhe uma ligeira patada e rolou; ele deitou-se, a fazer movimentos até ridículos. Como dois amigos, estiveram deitando e rolando pelo solo, o que provocou momento de agradável bom humor.

Os dois animais confraternizavam de uma maneira surpreendente, provocando aplauso que irrompeu espontâneo, em total esquecimento da tragédia de minutos antes.

Plutarco pediu que se retirassem os animais e, ante a emoção que tomou conta de todos, voltou-se para os atenienses e começou sua peça de oratória, dizendo:

— *Os dois cães são da mesma raça, têm a mesma idade, receberam a mesma alimentação; assim também as duas lebres. O primeiro animal que vimos era um cão feroz, e aqueloutro que lhe foi vítima havia sido pegado de surpresa e enjaulado, mas o segundo animal, o cão, eu próprio o eduquei.*

Também a pequena lebre, desde cedo eduquei-a, modificando-lhe a estrutura do instinto de preservação da vida e pu-los a confraternizar. Então, a diferença entre o primeiro e o segundo chama-se educação.

E, após entretecer breves considerações, deu como encerrada a conferência.

Aí estava demonstrada, de maneira incontestável, a excelência da educação. Naquele momento, nascia o método de que educar é criar hábitos saudáveis, fazer com que o indivíduo arranque de dentro de si o conhecimento da verdade que jaz adormecido. Desde então, o conceito de educação adquiriu um grave respeito no contexto da sociedade.

Quando Sócrates foi levado por sua mãe para ver um parto, ele percebeu o milagre da vida e ficou fascinado ao

Da verdade nada se oculta

ver nascer uma criança. Logo de imediato, fez uma ponte entre o nascer da vida e o nascer do conhecimento, e criou a palavra *educere*, arrancar de dentro.

Educar, pois, na tradição socrático-platônico-aristotélica, é realizar exatamente essa tarefa de arrancar o conhecimento que jaz na criatura humana, porquanto ela não aparece na Terra por acaso, ela vem do Mundo das Ideias. Envolvendo o planeta terrestre, ensinava o Pai da Filosofia Ocidental, há o mundo Eidos, em que se vive, em que se é feliz ou desventurado. É o Mundo causal a que se refere Allan Kardec com o nome de Erraticidade.

O nascer é trazer esse conhecimento no inconsciente, que os esoteristas chamam a presença de Deus, para que através da vivência educativa se possa pôr para fora a beleza, que se faz ínsita no ser profundo, que é o Espírito imortal.

Com o advento do Cristianismo, a educação foi toda baseada na moral evangélica, lamentavelmente conforme a interpretação imposta pela Igreja de Roma e, mais tarde, pela Reforma...

Na vida, quem não tem bons hábitos tem maus hábitos. Educar é criar hábitos; hábitos saudáveis que se instalam no ser, passando a constituir uma nova natureza. Nem todo mundo tem boa voz, mas todo mundo canta; porém, se educar a voz, poderá ter harmonia, mesmo sem ter uma grande voz; nem todo mundo escreve bem, mas se se disciplinar pelo exercício, terá uma caligrafia legível; nem todo mundo fala corretamente, mas se fizer exercícios de dicção, falará de forma que todos entendam e, na medida em que for falando, pronunciará melhor; disciplinando a respiração, falará com clareza, porque tudo são hábitos.

Foi isso que levou Jesus a dizer-nos: — *Vós sois deuses, e podeis fazer tudo o que eu faço, se quiserdes, se tiverdes fé, se vos empenhardes* – porque é um trabalho de viagem interior para poder arrancar o conhecimento que está em nós, pois que, procedentes da Divindade, nós somos divindade.

Como seria, então, o processo de educação objetivando-se a plenitude do ser?

A ciência espírita dá-nos a visão de uma criatura integral, não apenas orgânica, cerebral, mas composta de corpo, perispírito e Espírito, ou de soma, de psicossoma, e de uma energia pensante que é o Espírito imortal, conforme definido na questão 76 de *O Livro dos Espíritos*, de Allan Kardec: "Pode dizer-se que os Espíritos são os seres inteligentes da criação. Povoam o Universo, fora do mundo material".

Esse ser inteligente encarna e, ao reencarnar-se, traz as experiências da etapa anterior. Educar é criar hábitos, corrigindo os ancestrais – que muitas vezes induzem o indivíduo ao comportamento primitivo da agressividade e da ferocidade –, ensejando equilíbrio, discernimento e razão.

Allan Kardec considera que a solução para o grande problema da Humanidade é a educação, mas não apenas a intelectual, e sim *aquela de natureza moral*, a que pode mudar os quadros do materialismo, da violência e da imprevidência, essas grandes chagas da Humanidade que a educação perfeitamente aplicada pode sarar.

Estudar e estudar-se, no compromisso da autoeducação, é fundamental.

Compreender que se é jovem hoje, cidadão no futuro e Espírito que estará desencarnado mais tarde, adquirindo a consciência exata dos seus deveres e responsabilidades.

Da verdade nada se oculta

Nesse sentido, a Doutrina Espírita faz-nos um grave apelo, quando propõe educar o Espírito, orientar a forma, direcionar o instinto, coibir o abuso, disciplinar as tendências negativas das más inclinações e trabalhar concomitantemente para o desenvolvimento intelecto-moral do ser.

Esta extraordinária proposta faz-nos recordar ainda uma bela história do Talmude, a respeito de Alexandre Magno, da Macedônia[8] (356-323 a.C.).

O conquistador do mundo estava acostumado a submeter ao seu talante tudo o que encontrava pela frente. O indisciplinado filho de Felipe da Macedônia havia conquistado toda a Terra banhada pelo Mar Mediterrâneo.

Conta-se que ele tinha o hábito de, quando chegava diante de um córrego, procurar sentir a mensagem da Natureza.

Oportunamente, entre duas batalhas, ele viu um córrego deslumbrante que cantava em uma paisagem bucólica e rica de lirismo. Apesar de não ser um homem que pudesse criar simpatias, por ter dentes pontiagudos, ser de baixa estatura, apresentando uma expressão de ferocidade na face, Alexandre Magno aproximou-se do córrego e sentiu o fascínio da Natureza.

Sensibilizou-se. Pegou o peixe defumado de que se ia utilizar para o repasto e o lavou naquelas águas, para tirar o excesso de sal. Pôs-se a comê-lo. Percebeu que o peixe tinha um sabor estranho, para melhor; tornara-se lhe um acepipe.

Tocado pela emotividade, disse de si para consigo e a seus cortesãos: — *Este rio deve ter a nascente no Paraíso; suas águas são abençoadas...*

---

8. Fato recontado por Divaldo, com a sua especial interpretação.

Tomado pelo desejo de conquista, ele, para quem a vida não tinha limite, foi com seus servos bordejando o rio até uma nascente, que parecia ser a entrada do Paraíso.

Ao chegar ali, havia uma porta alcandorada, e respirava-se a psicosfera celestial. Alexandre, fascinado, troou:

— *Abram a porta! O conquistador da Terra está chegando.*

Uma voz de dentro disse-lhe:

— *Aqui você não é conhecido! Nada fez que merecesse registro entre nós.*

— *Mas... eu sou Alexandre! O mundo treme quando ouve meu nome; as cidades começam a ruir antes da minha chegada. Quero adentrar-me no Paraíso.*

E a voz retornou:

— *Faltam-lhe credenciais. Para adentrar-se no Paraíso, é necessário possuir algo que lhe falta.*

Alexandre voltou a instar:

— *Mas tenho tudo! Conquistei a Terra! O que mais querem exigir de mim?*

— *Valores! Valores morais, éticos, que lhe faltam; educação, respeito pela vida; valores de natureza espiritual.*

Alexandre, então, rebateu:

— *Mas poderei arrombar a porta e entrar de qualquer maneira, trazendo para cá os meus exércitos...*

Ouviu-se um sorriso suave de mofa do outro lado do Paraíso...

Humilhado, Alexandre contrapôs:

— *Pelo menos deem-me alguma coisa, a fim de que eu possa dizer à posteridade que um dia aqui estive, pois ninguém acreditará que um homem como eu chegou ao pórtico triunfante do Paraíso.*

Da verdade nada se oculta

Lá de dentro atiraram-lhe algo, que deveria ser precioso. Alexandre apanhou-o e, quando verificou, era um pedaço de osso de uma caveira. Esteve a ponto de atirá-la fora, mas era a única documentação que possuía para tornar crível a façanha de haver chegado ali.

Retornou. Reuniu a corte e, depois de contar a extraordinária ocorrência, foi tomado de ira, porque aquele pedaço de osso nauseante, frágil, ridículo tornava-o, de alguma forma, uma personalidade vil.

Pegou o osso e ia atirá-lo longe, quando um sábio lhe solicitou:

— *Senhor, não o faça! Esse pedaço de caveira tem uma mensagem oculta. Por favor, vejamo-la.*

Alexandre deteve-se interessado.

O sábio, tomando de uma balança, propôs-lhe:

— *Coloque-o num dos pratos da balança.*

O prato cedeu.

— *Agora, continuou o sábio, mande buscar uma barra de ouro e coloque-a no outro prato.*

Trouxeram-lhe uma barra do nobre metal, que foi colocada naquele outro prato da balança. O osso, porém, pesava mais. Outra barra mais, gemas e metais preciosos foram colocados para superar o peso do opositor... O osso continuava incólume, imbatível, pesando mais do que os tesouros que Alexandre recolhera.

Sem poder entender aquele processo mágico, Alexandre perguntou ao sábio:

— *Mas, do que se trata? Qual é o milagre que esse osso possui?*

— *Simples, senhor. Muito simples.*

Pegou um punhado de terra e jogou-a sobre o osso. Então, este tornou-se leve, e o prato da balança subiu.

Alexandre, agora estarrecido, voltou a interrogar:

— *Mas, o que quer dizer com isto?*

— *Senhor, este osso representa a ambição do homem, daqueles que, tudo quanto veem, querem possuir. Deseducados ante a vida, tornam-se* <u>títeres</u>, *fazem-se cruéis. Mas, por mais demorada que seja a existência, dia chega em que a vida se lhe interrompe, e um punhado de terra silencia-lhe a avareza, a presunção, a violência, e tudo volta à origem, às normas do princípio.*

Assevera-se que, a partir daquele momento, Alexandre Magno pôs-se em reflexão e começou a manter contato com o filósofo Diógenes, a quem amava, graças à sua doutrina.

O pensamento cínico de Diógenes, fascinando o conquistador do mundo, fez com que ele começasse as suas primeiras experiências educacionais. Havia dominado o mundo pelas armas, mas, deseducado, não se havia disciplinado a si mesmo.

A educação para a plenitude do ser começa no momento do autoencontro da criatura, quando identifica a própria consciência e desperta para a realidade espiritual que é, transmitindo àqueles que com ele vivem, aprendizes que são todos, uns dos outros, o contributo da mensagem positiva, alimentadora de esperanças, enriquecedora de valores.

Dessa forma, todos os nossos hábitos constituem a educação. Essa educação é que nos leva a ações nobres ou a atitudes perversas, que fazem desenvolver os sentimentos de austeridade ou de negligência diante do dever.

Allan Kardec (educador), discípulo de Pestalozzi (mestre), adepto de Jesus Cristo (Mestre), que quando o jovem Lhe disse: — *Bom Mestre...* –, Ele repreendeu:

Da verdade nada se oculta

— *Não me chames de bom! Ninguém é bom, só o Pai; mestre, sim, eu o sou.*

Então, vamos encontrar nessa linha Jesus-Pestalozzi-Kardec o valor grandioso da educação pedagógica e da linguagem moderna de natureza psicológica profunda, demonstrando a necessidade de estabelecermos uma ética de princípios para viver, aquela que nos proporcione felicidade, aquela que nos retire os conflitos, que nos faça cidadãos, que nos enseje o sentimento do amor, que somente será possível através de hábitos saudáveis e continuados.

Educar é muito mais fácil do que reeducar, retirar hábitos doentios, para neles colocar novos, que são saudáveis. É tarefa muito difícil, porque eles estão inscritos em nosso dia a dia de tal forma que passam a ser a nossa segunda natureza. Nossos hábitos, nossa segunda natureza... Cada qual age ou reage de acordo com seus hábitos.

Para poderemos penetrar na sutileza da necessidade de sermos felizes hoje, não podemos esquecer da educação, aliás, muito bem colocada por Allan Kardec: "Somente a educação é capaz de lutar contra o materialismo e a iniquidade, mas não a educação que se adquire pelos livros, mas aquela de natureza moral, que é transmitida através da vivência de uma para outra pessoa".

A educação é fundamental na construção da vida da criatura humana, porque nos dá valores com os quais nos adaptamos e através dos quais nos tornamos perfeitamente felizes, tão felizes que aquilo que antes nos atormentava cede lugar a este valor novo que descobrimos.

Por hábito educacional, temos uma tendência à infelicidade. Aplaudimos muito mais o transtorno masoquista do que o otimismo; aceitamos mais rapidamente a calúnia do que a verdade; acreditamos muito mais na astúcia, na argúcia, na avidez do que na inteligência sábia, paciente, discreta, que aguarda o momento de agir, e por essa razão vivemos uma sociedade vazia, segundo a Psicologia, de sentimentos de nobreza, porque temos constrangimento em proceder bem, temos vergonha de ser cidadãos que não nos encontramos na base comum daqueles que formam o *todo mundo faz...*

É muito curioso que dentro dessa pauta também adotamos uma atitude de infelicidade tendo todos os valores para desfrutarmos da alegria de viver, da saúde emocional, dos sorrisos com que a vida nos enriquece, por uma questão simplesmente de hábitos educacionais, a começar de alguns pais, que, em vez de evitar, projetam os seus conflitos nos filhos, ou transferem as suas necessidades frustradas para que estes as realizem.

Temos os choques de gerações, quando as classes novas, ainda não contaminadas, sonham com os ideais de beleza em outros padrões, e o nosso preconceito castra, ou a nossa hipocrisia disfarça, adota às escuras e combate às claras...

A Doutrina Espírita apresenta uma educação fundamentada na ética, em um ser integral, em um ser eterno, em um ser no qual, no momento da consumação cerebral, continuará vivendo, levando seu patrimônio para crescer em pensamento e, na próxima etapa reencarnatória, encontrar-se-á numa fase mais avançada de lucidez e de consciência, preparando a sociedade para uma era melhor e mais justa.

Quando pudermos demonstrar que somos construtores do mundo ideal, que nossa vida é um espelho onde se vai refletir outras vidas, estaremos preparando as criaturas

Da verdade nada se oculta

de uma forma sábia para a plenitude, tendo por Modelo Jesus, o Mestre por excelência.

E, na condição de verdadeiros irmãos, erguer-nos-emos para bendizer a vida, apresentando um programa de educação para atingir a própria realidade transpessoal. A morte não se afigurará uma desgraça, as vicissitudes não se constituirão numa tragédia, mas desafios, oportunidades de crescimento.

PEQUENO GLOSSÁRIO

Sem a mínima intenção de subestimar a cultura do nosso leitor, optamos por inserir um pequeno glossário para as palavras sublinhadas nesta obra, destinado aos jovens leitores a melhor filtrarem o conteúdo das narrativas. É uma forma prática de consulta e de memorização, de incentivo à leitura e enriquecimento cultural.

Acrobata – indivíduo que executa exercícios de agilidade, força e destreza, utilizando ou não equipamentos próprios para essa atividade, e se exibe em circos ou espetáculos de variedades.

Adusto – queimado; torrado; abrasado; seco; bronzeado.

Alva – primeira claridade da manhã; alba, alvor, aurora.

Andrajos – vestes sujas e/ou rasgadas.

Anuir – concordar; aceitar; aprovar; aquiescer.

Aquiescer – concordar; aceitar; aprovar; anuir.

Argúcia – argumento capcioso, ardiloso, matreiro.

Atávico – herança de características dos antepassados; antigo, ultrapassado.

Aureolar – ornar; coroar.

Auspicioso – de bom agouro; que gera esperanças.

Basto – que possui espessura e densidade; cerrado, encorpado.

Brocado – estofo (tecido) entretecido com fios de ouro ou prata, com desenhos em relevo.

Burlesco – alegre; brincalhão; cômico; divertido.

Cântaro – espécie de vaso de barro ou metal, de bojo largo e gargalo, com duas asas, usado para conter e transportar líquidos.

Cantilena – conversa ou narrativa repetitiva.

Caleidoscópio – aparelho que, por certa disposição de espelho, cria inúmeras figuras.

Catre – cama tosca e pobre.

Chilrear – emitir chilros (os pássaros); chalrear, chilrar; cantar.

Côdea – casca; crosta de pão.

Compassivo – que tem ou revela compaixão; que se compadece; condolente.

Concussão – tremor; abalo; choque.

Cossaco – indivíduo dos cossacos, povo eslavo, geralmente nômade, que habitava o sul da Rússia, a Ucrânia e a Sibéria.

De alto coturno – de linhagem nobre; da aristocracia.

Deambular – vaguear; caminhar; passear.

Desdita – infelicidade; desventura.

Desídia – desleixo; preguiça; inércia.

Desnastrado – desenastrado; desarranjado; desfeito; destrançado.

Da verdade nada se oculta

Empatia – afeição; afinidade; irmandade, simpatia, união, vinculação.

Empós – depois; após; atrás.

Escarlatina – doença infecciosa caracterizada por febre, exantema e descamação.

Esfalfar – afadigar; cansar; estafar; extenuar.

Estigmatizado – marcado; condenado; censurado.

Estiolar – definhar; desfalecer; enfraquecer; debilitar.

Estroina – dissipador; perdulário; extravagante.

Estugar – apressar; aligeirar.

Estacar – deter-se subitamente, por perplexidade.

Excêntrico – extravagante; quem age ou pensa de modo incomum.

Exorar – suplicar; invocar.

Exprobrar – censurar; repreender; reprovar.

Farândola – corja; bando; grupo de pessoas.

Famanaz – afamado pelo valor, proezas ou influências.

Fastígio – luxo; ostentação.

Fescenino – obsceno; licencioso.

Focinheira – correia que se coloca em torno da cabeça e do focinho do animal.

Folgazão – que ou aquele que tem bom gênio, que gosta de divertir-se; brincalhão.

Frincha – fenda; fresta; racha.

Frondoso – revestido, coberto de folhas, ramos; frondejante.

Hoste – conjunto de soldados; tropa; multidão; bando.

Ignoto – desconhecido; obscuro; ignorado.

Iluminuras – arte ou ato de ornar um texto, página, letra capitular com desenhos, arabescos, miniaturas, grafismos diversos.

Injunção – circunstância; imposição; obrigação.

Ínsito – que é um constitutivo ou uma característica essencial de uma pessoa ou coisa; inerente, congênito, inato.

Iridescente – que reflete as cores do arco-íris.

Litigante – disputante.

Lufada – rajada de vento.

Manancial – o que é considerado princípio ou fonte abundante de algo.

Menear – mover de um para outro lado.

Modorrento – apático; sonolento.

Mofa – troça, zombaria.

Momice – gesticulação ou postura burlesca; careta, monada, trejeito.

Da verdade nada se oculta

Nababesco – que apresenta luxo, fausto; ostentoso.

Nacarado – que tem a cor rosada ou acarminada.

Ouropel – falso brilho; aparência enganosa.

Palustre – que vive ou cresce nos pântanos; relativo ao impaludismo; malária.

Pórfiro – rocha magmática que, numa massa básica compacta finamente granulada vítrea ou cristalina, contém cristais maiores disseminados.

Postergado – adiado; atrasado; preterido.

Precípite – veloz; rápido.

Preclaro – ilustre; brilhante; formoso; notável.

Probo – de caráter íntegro; justo; reto; honrado.

Pródromo – o que antecede a (algo); precursor, prenúncio, antecedente.

Progéria – espécie de nanismo congênito em que o indivíduo apresenta aspectos externos e faciais de velhice precoce, com queda dos cabelos, pele enrugada, magreza etc.; nanismo senil.

Proletariado – operariado; camada social constituída de cidadãos pobres; assalariados.

Prorromper – iniciar com ímpeto; irromper.

Pugna – luta, combate.

Redarguir – dar resposta, argumentando.

Ressaibo – ressentimento; ranço; mau sabor.

Ressumar – transparecer; revelar; patentear.

Revérbero – reflexo luminoso ou calorífico.

Saga – história fabulosa; narrativa fabulosa.

Sagacidade – astúcia; esperteza; lábia.

Sarja – tecido de lã ou seda, com fios entrelaçados obliquamente.

Sôfrego – ansioso; ávido; desesperado; impaciente.

Sopitar – dominar; vencer; acalmar.

Solfejar – cantarolar sílabas, reproduzindo uma melodia; trautear.

Sorrateiro – que dissimula aquilo que sente; que disfarça.

Sumidade – indivíduo que se destaca por seu saber, seu talento, sua erudição.

Títere – indivíduo sem caráter nem vontade própria, que se deixa manejar por outrem; bonifrate, fantoche, marionete.

Túrgido – que adquiriu turgidez; dilatado, inflado, intumescido, inchado.

Tugúrio – choça; cabana; habitação rústica.

Ubérrimo – fecundo; fértil; produtivo.

Vágado – vertigem; delíquio; desmaio.

Varapau – peça de madeira forte e comprida; cajado; bastão.

REFERÊNCIAS DE COMPILAÇÃO

Os capítulos foram compostos a partir das gravações de palestras públicas, seminários de estudos e outros eventos, conforme abaixo descritos:

1 – *Da verdade nada se oculta*. Palestra realizada no Encontro Fraterno com Divaldo Franco, em Guarajuba, BA, no dia 06.09.2010.

2 – *Os dois tesouros*. Seminário de estudos em Goiânia, no dia 27.02.2001, e seminário de estudos Jesus e o Evangelho, Araras, SP, 15.07.2001. Essa lenda consta do livro *Tormentos da obsessão*, do Espírito Manoel Philomeno de Miranda, psicografado por Divaldo Franco. 1ª edição, p. 98.

3 – *Ninotchka*. Encontro com trabalhadores voluntários espíritas, em Santo André, SP, no dia 17.09.1985, e palestra no Centro Espírita Caminho da Redenção, em Salvador, BA, dia 21.07.1992.

4 – *A vendedora de maçã*. Seminário de estudos Iluminação Interior, em Caxias do Sul, RS, dia 24.06.2007; palestra do *réveillon* de 1982 no Centro

Espírita Caminho da Redenção, em Salvador, BA; palestra em Berlim, Alemanha, 25.05.2011; seminário de meditação, realizado no Bahia Othon Palace Hotel, em Salvador, BA, em 1992; palestra em Porto Alegre, RS, em abril de 1992.

5 – *A catadora de lixo.* Workshop Diretrizes para o êxito, parte 1, realizado na Mansão do Caminho, em Salvador, BA, dia 01.05.2004; minisseminário Lições para o amor, em Santa Cruz do Sul, RS, no dia 20.04.2005.

6 – *O frio sopro da adversidade.* Workshop Diretrizes para o êxito, parte 1, realizado na Mansão do Caminho, em Salvador, BA, dia 01.05.2004.

7 – *Precipitação e destino.* Gravação do Estúdio Alvorada de palestra realizada no Rio de Janeiro, RJ, em 1992; palestra no Centro Espírita Caminho da Redenção, em Salvador, BA, no dia 13.11.1984.

8 – *A cruz de cada um.* Palestra no Centro Espírita Caminho da Redenção, em Salvador, BA, no dia 12.04.1988.

9 – *Mohammed, o Justo.* Palestra realizada em Soledade, RS, no dia 22.04.2010; conferência em Bonn, Alemanha, no dia 25.05.2010; palestra realizada no Encontro Fraterno com Divaldo Franco, em Guarajuba, BA, no dia 06.09.2010.

Anotações

Anotações

Anotações